自転車事故の法律相談

髙木宏行
岸 郁子
［編著］

学陽書房

はしがき

　自転車事故といえば、以前は自転車が自動車に衝突されて被害者となってしまう交通事故が目立っていましたが、最近では、自転車による加害事故、特に自転車が歩行者に衝突する事故や、自転車が自転車に衝突する事故が目に付くようになりました。
　こうした自転車による加害事故によって、時には被害者を死亡させ、あるいは重度の後遺障害を負わせてしまった加害者に、高額な賠償が命じられたというようなニュースは、ここ数年間で何度か大きく報道されており、自転車による加害事故は今や社会問題化しているといえます。
　私たち執筆者一同は、数年前より、このような自転車加害事故について研究を重ねてきました。

　自転車加害事故をめぐる法律問題については、最近になって特にクローズアップされてきた問題点のほか、実は、ずっと以前から変わらずに存在していた問題点もあるように思います。
　本書では、新しい問題点のみならず、そうした古くからある問題点も含め、なるべく多くの論点について取り上げることにしました。こうして本書においては、自転車加害事故について、民事・刑事・行政・訴訟手続等、数々の場面で疑問が生じやすいテーマを取り上げることとなりました。
　併せて近年、自転車運転者の交通ルールの周知徹底の必要性が指摘され、自転車の交通ルールをめぐっては、道路交通法の改正等も頻繁に行われています。警察庁や国土交通省などの行政庁も、交通ルールの周知徹底に関する方策を検討したり、都道府県が独自に条例を制定するなどしています。本書ではこのような点も適宜ご紹介しています。
　また、自転車加害事故については、以前と比べ、加害者となった場合の保険商品（賠償責任保険）が充実してきていますので、保険についても十分な紙幅をとって解説を加えました。もっとも、保険商品は次々に新しいものが出てきますので、詳細については約款等を参照するようにして頂きたいと思います。
　そして、本書は、自転車事故の相談を受けたり、解決に関わる法律家だけ

でなく、自転車加害事故の当事者や関係者、それ以外にも、自転車を運転される一般の方々にも読んでいただきたいと思い、編集いたしました。

　自転車保険が少しずつ普及してきたとはいえ強制保険ではありませんので、実情においては、加害者に保険がなくまた十分な賠償資力がないなどの事情により、被害者が適切な賠償を受けられない場合もあるように思われます。同じく自転車保険が普及していないという理由から、自転車加害事故では、事故の加害者となってしまった場合の負担も小さくありません。被害者も加害者もともに、大きな負担を抱えることになる自転車事故、そのような自転車加害事故が少しでも減少するよう、自転車を運転される一般の方々にも、自転車をめぐる交通ルールや、事故が生じてしまった場合の負担等について、正しい知識を持っていただきたいと思います。

　そのため、本書では、法律にあまり詳しくない人にも参考にしていただけるように、できる限りわかりやすい説明を行うように心掛けました。

　なお、本書編集作業の終盤、著者校了後に、本書でも多数引用した東京地裁民事交通訴訟研究会編『民事交通訴訟における過失相殺率の認定基準』の全訂5版（別冊判例タイムズ38号）が発売となったため、編著者の責任において、適宜、必要な修正や加筆を行いました。

　道路交通法規が遵守されて自転車事故が減少すること、また万が一自転車加害事故により被害が生じた場合にも、十分かつ適切な賠償がなされるようになることが私たち執筆者一同の願いです。

　本書が、自転車事故の相談を受けたり、あるいは不幸にも事故の当事者となってしまった方々にとって、少しでも役に立つものになるよう、さらに、自転車に乗る全ての方々にとっても、自転車加害事故についての理解が深まり、事故の予防に少しでも資するものとなるようにと願っております。

　最後になりましたが、本書の刊行に当たって、株式会社学陽書房の齋藤岳大氏、髙田龍太郎氏、その他学陽書房の皆様には、多大なご尽力をいただきました。心から感謝申し上げます。

　　　2014年7月

　　　　　　　　　　　　　　　　　　　　編著者　　髙木　宏行
　　　　　　　　　　　　　　　　　　　　　同　　　岸　　郁子

凡　例

- 本書は、自転車事故に関する問題点や争点を中心に数多くのケースを取り上げ、Q＆A方式でわかりやすく解説したものです。
- 法令等の内容は平成26年7月10日現在公布のものによります。
- 本文中［⇒］のある箇所については、関連事項が矢印の項目番号に詳述してあります。
- 本文中、法令等および資料は（　）内に、判例は【　】内に略記してあります。つぎの「略記表」を参照してください。

略　記　表

1　法　令　等

道交	道路交通法
自賠	自動車損害賠償保障法
民	民法
刑	刑法
民訴	民事訴訟法
刑訴	刑事訴訟法
民訴規	民事訴訟規則
刑訴規	刑事訴訟規則
国賠	国家賠償法
令	施行令
規	施行規則

2　判　例

最判	最高裁判所判決
高判	高等裁判所判決
地判	地方裁判所判決
支判	支部判決
大判	大審院判決

3　資　料

民集	最高裁判所民事判例集
刑集	最高裁判所刑事判例集
判時	判例時報
判タ	判例タイムズ
交民	交通事故民事裁判例集
自保ジ	自保ジャーナル
刑月	刑事裁判月報
裁判集民	最高裁判所判例集民事
裁判集刑	最高裁判所判例集刑事

高検速報	高等裁判所刑事裁判速報
判自	判例地方自治
訟月	訟務月報
民録	大審院民事判決録
刑集	大審院刑事判例集

執務資料道交法16訂	道路交通執務研究会編著、野下文生原著 『16訂版　執務資料　道路交通法解説』(東京法令出版、2014年)
過失相殺の分析	日弁連交通事故相談センター東京支部過失相殺研究部会編著 『自転車事故過失相殺の分析　歩行者と自転車との事故・自転車同士の事故の裁判例』(ぎょうせい、2009年)
別冊判タ38号	東京地裁民事交通訴訟研究会編 『民事交通訴訟における過失相殺率の認定基準 (全訂5版)』 (別冊判例タイムズ38号、2014年)
赤い本 (2014年版)	日弁連交通事故相談センター東京支部編 『民事交通事故訴訟損害賠償額算定基準 (2014年版)』 ※2分冊のため上下巻あり

目次

はしがき ... iii

凡例 ... v

第1章　自転車の法規制

1　自転車の定義 ... 2
自転車の定義／普通自転車

2　自転車の整備 ... 5
自転車の整備／自転車の制動装置／反射器材等の設置／自転車の警音器／自転車安全整備制度（TSマーク制度）

3　自転車の交通法規 ... 8
自転車と道交法／自転車の交通方法の特例／軽車両としての規制／その他、自動車と異なる法規制／自動車と同様の規制／教則における指導

4　道路等の種類と定義 ... 14
道路／歩道と車道／自転車道／路側帯／歩行者用道路／横断歩道／自転車横断帯／車両通行帯

5　自転車が道路を通行する場合 ... 18
通行区分、通行場所／通行方法等／歩行者との関係

6　自転車の横断歩道付近の通行 ... 21
自転車が横断歩道を通過する場合／横断歩道の横断／信号の遵守

7　自転車の交差点進行　24

自転車の通行の原則／信号のない交差点を通行する場合／右左折の方法／歩行者等の優先

8　自転車の歩道通行　27

自転車は原則的に歩道を通行してはいけない／例外的に自転車の歩道通行が許される場合／歩道における自転車の通行方法の規制／「自転車は歩行者と同じだ」という誤解

9　自転車の路側帯通行　31

自転車は路側帯を通行できる場合がある／自転車の路側帯通行が許されない場合／自転車が路側帯を通行するときの通行方法

10　合図・警音器・灯火　33

自転車の合図義務／警音器の使用／灯火義務

11　乗車人員・積載数量　38

道交法57条2項／自転車の乗車人員について／積載重量について／本問について

12　携帯電話の使用　41

携帯電話の使用に関する規制／運転者の遵守事項／公安委員会の定める規則／都道府県の規則による規制

13　自転車と酒気帯び運転　45

自転車の道交法上の扱い／酒気帯び運転等の禁止／過労運転等の禁止

14　事故を起こしたときの義務　47

救護義務・事故報告義務／保険契約上の義務／被害者への対応

15 歩行者が道路等を通行等する場合　50

歩行者とは／歩行者の通行方法（通行区分）に関する道交法の定め／横断の方法に関する道交法の定め／その他の遵守事項に関する道交法の定め／教則／遵守しなかった場合の問題

第2章　自転車事故の損害賠償責任

16 自賠法の不適用　58

自賠法は自動車事故を対象としている／自転車加害事故には自賠法の適用がない／自転車加害事故に自賠法が適用されない問題点／将来の課題

17 子どもの損害賠償責任　61

子どもに責任能力がない場合／子どもに責任能力がある場合／子どもに責任能力があるかどうかの判断基準／子どもの責任能力の有無が微妙な場合

18 親の損害賠償責任　65

未成年者に責任能力がある場合の親の責任／親の民法709条の責任に関する判例／親の契約責任（債務引受や保証）

19 代理監督者の損害賠償責任　68

民法714条2項の代理監督者の責任／代理監督者とは／代理監督者の責任の範囲／親の責任との関係

20 学校の損害賠償責任　71

民法714条2項と学校の責任／民法709条の責任／国公立学校の場合／校外授業中の事故／学校を無断で抜け出し事故を起こした場合／通学時の事故

| 21 | 使用者責任の成立要件 | 76 |

自転車通勤と使用者責任／使用者責任成立の要件

| 22 | 使用者責任を負う範囲 | 80 |

自転車通勤と使用者責任／業務執行性の要件

| 23 | 会社のリスク管理 | 85 |

従業員が自転車通勤帰宅中の交通事故での会社の責任／自転車通勤について業務執行性の有無を判断するための要素／自転車通勤容認の場合のリスクを低減するためには

| 24 | 国家賠償請求 | 90 |

国家賠償請求とは／国家賠償請求の要件／責任主体／加害公務員個人の責任／本問での解決

| 25 | 営造物責任 | 95 |

営造物責任とは／営造物責任の要件／責任主体／本問での解決

| 26 | 看板・商品設置と自転車事故 | 99 |

自転車の歩行者に対する責任／看板等設置者の責任

| 27 | 歩行者が加害者の場合 | 101 |

はじめに／車道上の事故／歩車道の区別のない道路上の事故／歩道上の事故

第3章　損害賠償の範囲と損害額の算定

| 28 | 損害額算定上の問題 | 108 |

賠償資力の問題／損害賠償の算定における問題点／過失相殺と素因減額／後遺障害の認定の問題

| 29 | **物損** | 110 |

自転車事故における物損／修理費／買替差額／買替諸費用／評価損／代車使用料／休車損害／雑費／営業損害等／積荷等の損害／物損に関する慰謝料・ペットに関する損害

| 30 | **自転車加害事故と過失相殺基準** | 115 |

過失相殺とは／自転車加害事故と過失相殺基準／自転車加害事故の過失相殺を基準化する難しさ／自転車加害事故における過失相殺の考え方／自転車加害事故の過失相殺分析の研究報告

| 31 | **歩行者と自転車との事故の過失相殺** | 119 |

歩行者と自転車との事故の類型化の必要性／歩道上・路側帯上の歩行者と自転車との事故／横断歩道上の歩行者と自転車との事故／車道上又は歩車道の区別のない道路上の歩行者と自転車との事故

| 32 | **自転車同士の事故と過失相殺** | 124 |

自転車同士の事故と過失割合／自転車であることによる過失の特徴／本問の場合

| 33 | **自転車の運転者が受傷した場合の過失相殺** | 127 |

はじめに／裁判例の検討／例外事例

| 34 | **加害者が子どもや高齢者の場合の過失相殺** | 130 |

はじめに／加害自転車の運転者が児童・高齢者であった場合／当事者双方が児童・高齢者の場合／自転車運転者が幼児の場合

| 35 | **ノーブレーキピストと過失相殺** | 133 |

自転車同士の出会い頭事故での過失相殺の原則／一方に一時停止違反がある場合の過失相殺／ノーブレーキピストの場合

36	無灯火自転車と過失相殺	137

自転車の灯火義務／無灯火自転車の過失相殺における扱い／自転車の無灯火を考慮した裁判例

37	片手運転等と過失相殺	139

同一方向に走行している自転車同士の事故の場合の基本過失／自転車のハンドルにリードをつけての運転／本問での考え方

38	積載違反と過失相殺	142

自転車同士の追突事故の場合の基本過失／自転車のハンドルに荷物をかけての運転・過積載等での運転／本問での考え方

39	運転中のイヤホンの使用と過失相殺	145

イヤホンの使用について／警音器の使用について／本問について

40	サドルの高い自転車の運転と過失相殺	147

自転車の正しい乗り方／道交法による規制／本問について

41	被害歩行者側の修正要素	149

修正要素について／被害歩行者側の要保護者修正／歩道上・路側帯上の事故における修正要素／横断歩道上の事故における修正要素／車道上又は歩車道の区別のない道路上の事故における修正要素

42	被害者側の過失	153

自転車の二人乗りについての規制／二人乗りと過失相殺／ヘルメットの不着用

第4章　自転車事故と保険

43　自転車事故と保険　158
はじめに／個人賠償責任保険・同特約について／自転車保険／TSマーク保険／本問の場合

44　個人賠償責任保険等　161
個人賠償責任保険の内容と契約形態／事故発生後の対応方法／事故発生後の問題点

45　傷害保険　163
自転車運転者・搭乗者、歩行者に関する保険／障害保険の種類／傷害保険の内容／傷害保険と損益相殺／人身傷害（補償）保険／人身傷害（補償）保険と代位

46　TSマーク保険　166
TSマークとは／TSマーク付帯保険の内容

47　健康保険・労災保険　168
自転車事故と労災保険／自転車事故と健康保険／本問の場合

第5章　自転車事故の刑事責任

48　交通切符制度　174
自転車に対する道交法上の罰則／交通反則通告制度とは／交通切符制度（赤切符）とは

49　過失傷害罪・過失致死罪　178
自転車事故と犯罪／過失傷害罪／過失致死罪／裁判例

50	自転車事故と重過失致死傷罪	182
	重過失傷害罪について／裁判例等	
51	信頼の原則	188
	信頼の原則の意義／自転車事故への適用可能性	
52	心神喪失・心神耗弱	190
	責任能力／心神喪失とは／心神耗弱とは／原因において自由な行為	
53	刑事手続の流れ	192
	刑事事件の流れ／捜査／公判	
54	少年が加害者の場合の手続	198
	刑事未成年／少年法の適用／捜査段階の手続 少年審判手続／少年の刑事裁判手続	
55	弁護人・付添人	203
	弁護人依頼権／弁護人の役割／弁護人の選任（私選弁護人）／付添人の選任	
56	国選弁護人	206
	国選弁護制度の拡大／被疑者国選／被告人国選／国選付添人	
57	被疑者になった場合の注意事項	209
	出頭要請への対応／取調べに対する心構え／取調べの内容	
58	被害者としての手続への参加方法	212
	被害者参加制度／被害者参加の要件／被害者参加のための手続／被害者参加人としての刑事裁判への関与／被害者参加人のための国選弁護制度	

第6章　紛争の解決方法

59　被害者からの相談　216

事故直後の対応／賠償義務者の特定／適用される保険の調査／示談交渉／示談以外の解決方法

60　加害者からの相談　221

加害者の義務／保険について／賠償の解決

61　ひき逃げ対応　225

自転車と救護義務等／加害者が見つかったとき／加害者が見つからなかったとき

62　示談の留意点　228

示談とは／示談の時期／示談の方法／示談交渉が成立しないとき／示談の無効・取消、再示談

63　示談代行　233

保険会社の示談代行／自転車事故における示談代行

64　相談機関　235

相談の必要性／相談の機関／紛争解決の機関

65　調停　237

調停とは／調停申立の方法／調停の特徴

66　調停以外のADR　240

ADR（裁判外紛争解決手続）／弁護士会の斡旋・仲裁手続／司法書士会や行政書士ADRセンターの調停手続／日弁連交通事故相談センターの示談斡旋／損保協会のADRセンターの紛争解決手続／自転車普及協会の自転車ADRセンターの調停手続

| 67 | 少額訴訟 | 244 |

少額訴訟とは／少額訴訟の手続／少額訴訟を起こされた場合／自転車事故と少額訴訟

| 68 | 執行 | 247 |

強制執行／不動産執行／預金等の債権執行／動産執行

| 69 | 訴訟 | 250 |

訴訟提起の手続／訴訟提起後の手続

巻末資料 253

1

自転車の法規制

1 自転車の定義

Q 道交法での自転車の定義を教えてください。普通自転車とそれ以外の自転車があるそうですが、自転車の種類によって道交法上どのような違いがあるのですか。

1 自転車の定義

　自転車は道路交通法（以下「道交法」という）上軽車両にあたり（道交2条1項8号・11号）、車両としての規制を受けることになります（同17条1項、18条1項等）。しかし、道交法上、自動車や原動機付自転車とは異なる規制がなされることもあり、また、普通自転車の交通方法については、特例が定められています（道交法第3章第13節）。

　道交法では、自転車の定義として、「ペダル又はハンド・クランクを用い、かつ、人の力により運転する二輪以上の車（レールにより運転する車を除く。）であつて、身体障害者用の車いす、歩行補助車等及び小児用の車以外のもの（人の力を補うため原動機を用いるものであつて、内閣府令で定める基準に該当するものを含む。）」とされています（同2条1項11号の2）。

　「身体障害者用の車いす、歩行補助車等及び小児用の車を通行させている者」は、道交法の適用においては歩行者とされています（同2条3項1号）。「小児用の車」には子供用二輪自転車、小児用三輪車及び乳母車等がありますが、ここでいう子供用二輪自転車とは、子供用自転車のうち小学校入学前（6歳未満）の者が乗車するものとして作られた自転車、すなわち車体が6歳未満の者が乗車する程度の大きさ（車輪が概ね16インチ（約40cm）以下）で、かつ、走行、制動操作が簡単で速度が毎時4～8km程度しか出せないものをいうと解されています（『執務資料道交法16訂』42頁）。

　人の力によって運転する二輪以上の車ですから、一輪車は自転車に該当せず、道交法上は、遊具またはスポーツ用具と解されます。

「人の力を補うため原動機を用いるものであつて、内閣府令で定める基準に該当するもの」とは、いわゆる駆動補助機付自転車（電動ハイブリッド自転車あるいは電動アシスト自転車等といわれるもの）のことで、その基準は道交法施行規則1条の3に次のように規定されており、この基準を満たすものは道交法2条1項11号の2に定める「自転車」となります。

「一　人の力を補うために用いる原動機が次のいずれにも該当するものであること。
　イ　電動機であること。
　ロ　二十四キロメートル毎時未満の速度で自転車を走行させることとなる場合において、人の力に対する原動機を用いて人の力を補う力の比率が、⑴又は⑵に掲げる速度の区分に応じそれぞれ⑴又は⑵に定める数値以下であること。
　　⑴　十キロメートル毎時未満の速度　二
　　⑵　十キロメートル毎時以上二十四キロメートル毎時未満の速度　走行速度をキロメートル毎時で表した数値から十を減じて得た数値を七で除したものを二から減じた数値
　ハ　二十四キロメートル毎時以上の速度で自転車を走行させることとなる場合において、原動機を用いて人の力を補う力が加わらないこと。
　ニ　イからハまでのいずれにも該当する原動機についてイからハまでのいずれかに該当しないものに改造することが容易でない構造であること。
二　原動機を用いて人の力を補う機能が円滑に働き、かつ、当該機能が働くことにより安全な運転の確保に支障が生じるおそれがないこと。」

2　普通自転車

　道交法では、車体の大きさ及び構造が内閣府令で定める基準に適合する二輪又は三輪の自転車で、他の車両をけん引していないもの（「普通自転車」）について、交通方法の特例を定めています（道交法第3章第13節）。車体の大きさ及び構造の基準について、道交法施行規則9条の2は、次のとおり規定しています。

「法第63条の3の内閣府令で定める基準は、次の各号に掲げるとおりとする。
一　車体の大きさは、次に掲げる長さ及び幅を超えないこと。
　　イ　長さ　百九十センチメートル
　　ロ　幅　六十センチメートル
二　車体の構造は、次に掲げるものであること。
　　イ　側車を付していないこと。
　　ロ　一の運転者席以外の乗車装置（幼児用座席を除く。）を備えていないこと。
　　ハ　制動装置が走行中容易に操作できる位置にあること。
　　ニ　歩行者に危害を及ぼすおそれがある鋭利な突出部がないこと。」

「一の運転者席以外の乗車装置を備えていないこと」とは、乗車席が2つ以上あってはならないということですので、タンデム車（複数のサドルとペダルを装備していて、複数人が前後に並んで同時に駆動することができる自転車）などは、普通自転車とならないと解されます。

（鹿士眞由美）

2

自転車の整備

Q 自転車の整備はどのようにすべきでしょうか。また、後ろのブレーキを取ってしまう等の改造をした自転車で道路を走ったり、ノーブレーキピストに乗るのは違反でしょうか。

1　自転車の整備

　道交法62条では、整備不良車両の運転が禁止されていますが、同条が禁止するのは道路運送車両法第3章若しくはこれに基づく命令の規定等に適合しない場合であり、道路運送車両法の「車両」には軽車両が含まれますが、二輪の自転車は除かれています（道交令1条）。

　したがって、自転車の制動装置や警音器等に不備があっても、道交法62条の適用は受けませんが、自転車を安全に運転するには、やはりきちんと整備されていることが必要です。

　そこで、自転車の制動装置等については、道交法上、次のように規定されています。

2　自転車の制動装置

　自転車の運転者は、内閣府令で定める基準に適合する制動装置（ブレーキ）を備えていないため交通の危険を生じさせるおそれのある自転車を運転することはできません（道交63条の9第1項）。

　内閣府令で定める基準とは、①前車輪及び後車輪を制動すること、②乾燥した平坦な舗装路面で、制動初速度が時速10kmのときに制動装置の操作を開始した場所から3m以内の距離で円滑に自転車を停止させる性能を有することです（道交規9条の3）。

　また、道交法63条の9に規定されている「交通の危険を生じさせるおそれがある」というのは、制動装置がないか、又は制動装置はあるものの内閣

府令で定める基準に適合していない（調整されていない）自転車の運転によって、社会通念上、交通の抽象的危険性が予想されることをいいます（『執務資料道交法16訂』655頁）。同条に違反した場合は罰則があります（5万円以下の罰金。道交120条1項8号の2、同条2項）。

したがって、自転車の後輪のブレーキを取ってしまったり、制動装置を備えていないノーブレーキピスト（制動装置不備自転車）を運転するのは同条に違反することになります。実際にも、ノーブレーキピストによる死亡事故の発生などがあり、警察でも取締を強化しています。

3 反射器材等の設置

自転車の運転者は、夜間、内閣府令で定める基準に適合する反射器材を備えていない自転車を運転することはできません。ただし、道交法52条1項前段の規定により尾灯をつけている場合は除きます（道交63条の9第2項）。

夜間というのは、日没から日の出までの時間で（同52条1項）、夜間以外の場合でもトンネルの中など視界が50m以下であるような暗い場所でも反射器材を備え付けなければなりません（同項後段、道交令19条）。

内閣府令に定める反射器材の基準というのは、夜間後方100mの距離から前照灯で照射したときに、反射光を容易に確認できるものであり、反射光の色は、橙色又は赤色とされています（道交規9条の4）。

尾灯については、自転車については都道府県の公安委員会が定めるものとされており（道交令18条1項5号）、例えば東京都道路交通規則を見ると、「赤色で、夜間、後方100mの距離から点灯を確認することができる光度を有する尾灯」とされています（同規則9条1項(2)）。

夜間、反射器材や尾灯を備えていない自転車を運転することは、運転者自身にとって危険なことですので禁止されていますが、違反に対しての罰則は規定されていません。反射器材等の設置は、他人に対する加害の危険を防止するための規定というよりも、自転車運転者自身を守るための規定であるためと思われます。

4 自転車の警音器

軽車両については、道路運送車両法上警音器を備え付ける義務があります

が（道路運送車両法41条14号）、二輪の自転車は同法上の軽車両には含まれないので（同法2条4項、道路運送車両法令1条）、警音器を備え付ける義務は課されていないことになります。

　しかし、二輪の自転車も警音器の吹鳴義務は負っています（道交54条1項）ので、備え付けの義務があるという説もありますが、反対説もあります。もっとも、例えば東京都道路交通規則は、道交法71条6号の運転者の遵守事項の1つとして、「警音器の整備されていない自転車を運転しないこと」という規定をおいています。他の多くの都道府県でもこのような規定を設けているようです。

5　自転車安全整備制度（TSマーク制度）

　自転車を安全に利用するための制度として、自転車安全整備制度（TSマーク制度）というものがあります。

　これは、自転車安全整備店の自転車安全整備士が、自転車の点検・整備を行い、道交法の定める大きさ、構造、性能等の基準に適合した安全な普通自転車として確認したときに、その証としてTSマークを貼付するというもので、TSマークには傷害保険と賠償責任保険が付いています［⇒Q46］。

　自動車の車検制度と同様、自転車の定期的な点検・整備を促進するために昭和54年にできた制度です。

　自転車安全整備店というのは、公益財団法人日本交通管理技術協会に申請し、審査を受けて登録されます。自転車安全整備士というのは、この協会が実施する「自転車安全整備技能検定」に合格した者です。

（鹿士眞由美）

3 自転車の交通法規

Q 自転車の従うべき交通法規は、自動車とどのような点が違いますか。

1 自転車と道交法

　自転車は、道交法上「軽車両」にあたり（道交2条1項8号・11号）、基本的には車両と同じ交通法規に従うことになります。

　ただし、道交法は普通自転車の交通方法につき特例を設けており、また、自転車は軽車両として、自動車などの車両とは異なる規制を受ける場合もあります。

　以下、自転車が自動車等の車両と異なる規制を受ける場面について、概略を説明します。

2 自転車の交通方法の特例

(1) 自転車道の通行義務

　普通自転車は、自転車道が設けられている道路においては、自転車道を通行しなければなりません（道交63条の3）。普通自転車とは、車体の大きさ及び構造が内閣府令で定める基準に適合する二輪又は三輪の自転車で、他の車両を牽引していないものをいいます［⇒Q1］。

　自転車道の整備に関しては、国土交通省・警察庁が共催した「安全で快適な自転車利用環境の創出に向けた検討委員会」による平成24年4月の「みんなにやさしい自転車環境─安全で快適な自転車利用環境の創出に向けた提言─」によると、平成22年3月時点で全国の約120万kmの道路のうち、自転車道や自転車専用通行帯等の自動車や歩行者から分離された自転車通行空間の延長は約3,000kmとわずかである上、自動車の駐停車等により自転車の通行が阻害されるなど、道路の現況は自転車の車道通行にとって数々の問

題があるとされています。同提言は、自転車が通行する空間として重要な路線において、交通状況に応じて、歩行者、自転車、自動車が適切に分離された空間を早急に整備するとともに、すべての道路利用者に自転車の通行ルールの徹底を図ることを提言しており、今後は、その整備が進んでいくことが予想されます。また、これを受けて、平成24年11月には国土交通省道路局と警察庁交通局が、「安全で快適な自転車利用環境創出ガイドライン」を公表しました。このガイドラインは、上記提言を受け、「各地域において、道路管理者や都道府県警察が自転車ネットワーク計画の作成やその整備、通行ルールの徹底等を進められるよう、国土交通省道路局と警察庁交通局が、国土交通省国土技術政策総合研究所の調査・研究の成果等も踏まえ、」策定したもので、①自転車通行空間の計画、②自転車通行空間の設計、③利用ルールの徹底、④自転車利用の総合的な取組について、ガイドラインをとりまとめたものです。

(2) 普通自転車の歩道通行

普通自転車は、例外的に下記の場合には、歩道を通行することができます（同63条の4第1項）。

① 道路標識等により歩道を通行することができるとされているとき
② 普通自転車の運転者が児童・幼児のほか、70歳以上の者・身体障害者など車道を通行することが危険であるとして政令で定める者の場合（道交令26条、道交規9条の2の2）
③ その他、車道又は交通の状況に照らして当該自転車の通行の安全を確保するため歩道を通行することがやむを得ないと認められるとき

歩道通行が許される自転車は、道路の右・左、いずれの歩道でも通行できます。

自転車が歩道を通行する場合には、歩道の左側ではなく、歩道の中央から車道寄りの部分、あるいは道路標識等により自転車が通行すべき部分として指定された部分（普通自転車通行指定部分）がある場合にはその部分を通行しなければなりません（道交63条の4第2項）。

そして、歩道を通行するに際しては「徐行」する義務、歩行者の通行を妨げることとなるときは「一時停止」をする義務があります（同項）。ただし、

普通自転車通行指定部分がある場合には、自転車は、当該部分を通行しまたは通行しようとする歩行者がないときは、歩道の状況に応じた安全な速度と方法で進行することができ、歩行者も、普通自転車通行指定部分があるときは、当該普通自転車通行指定部分をできるだけ避けて通行するように努めるべき義務があります（道交10条1項・3項。なお、歩行者のこの義務はあくまでも努力義務にすぎず、歩行者があるときは、依然自転車には徐行義務・一時停止義務があります）。

(3) 横断・交差点の通行

　自転車は、自転車横断帯がある場所の付近において道路を横断しようとするときは、その自転車横断帯によって道路を横断しなければなりません（同63条の6）。

　また、交差点を通行しようとする場合において、当該交差点又はその付近に自転車横断帯があるときは当該自転車横断帯を進行しなければなりません（同63条の7第1項）。

(4) 普通自転車の並進

　道交法上、軽車両の並進は禁止されていますが（同19条）、普通自転車は、道路標識等により並進することができることとされている道路では他の普通自転車と並進することができます。ただし、三台以上での並進はできません（同63条の5）。

(5) 制動装置等

　自転車が内閣府令で定める基準に適合する制動装置を備えていないため交通の危険を生じさせるおそれがある場合には、そのような自転車の運転は禁止されています（同63条の9第1項）。

　また、夜間は、内閣府令で定める基準に適合する反射器材か、道交法52条1項前段の尾灯を備えていない自転車を運転してはならないとされています（同条2項）［⇒Q2］。

(6) ヘルメット装着の努力義務

　その他、道交法は、児童又は幼児を保護する責任のある者は、児童又は幼児を自転車に乗車させるときはヘルメットをかぶらせるよう努めなければならないとしています（道交63条の11）。

3　軽車両としての規制

(1) 路側帯の通行

自転車は軽車両であることから、歩道と車道の区別のある道路においては、車道を通行しなければなりませんが（道交17条1項）、路側帯のある場所では著しく歩行者の通行を妨げることとなる場合を除き、道路の左側の路側帯を通行することができます（同17条の2第1項。なお、平成25年の道交法改正で、自転車が通行できる路側帯は道路の左側の路側帯のみとされました）。

路側帯を通行できる場合でも、自転車は、歩行者の通行を妨げないような速度と方法で進行しなければなりません（同条2項）[⇒Q9]。

なお、「路側帯」とは、「歩道の設けられていない道路又は道路の歩道の設けられていない側の路端寄りに設けられた帯状の道路の部分で、道路標示によって区画されたもの」です（道交2条1項3号の4）[⇒Q4]。したがって、歩道と車道との間に区画線が引いてあってもこれは外側線にすぎず、この部分を路側帯とは言いませんが、道路の片方にのみ歩道がある場合にその反対側に区画線が引かれている場合には、その部分は路側帯となります。

また、自転車は、路側帯の中でも、軽車両が通行禁止とされている二重線で区画された路側帯を通行することはできません。

(2) 車道の左側端通行義務

自転車が道路の左側部分を通行しなければならないことは自動車と同じですが（同17条4項）、自転車は、車両通行帯の設けられた道路を通行する場合を除き、道路の左側端に寄って通行しなければなりません（同18条）。

(3) 二段階右折義務

自転車は右折する場合には二段階右折義務を負います（同34条3項）。すなわち、右折するときは、あらかじめその前からできる限り道路の左側端に寄り、かつ、交差点の側端に沿って、徐行しなければなりません。

4　その他、自動車と異なる法規制

その他、道交法には、自動車のみを対象とした規制もあります。

例えば、運転免許の制度（道交法第6章）などは当然、自転車には適用になりません。

ただし、運転者に対する法定講習その他の講習制度（道交108条の2以下）については、これまでは自動車運転者を対象とした講習制度しかありませんでしたが、平成25年6月の道交法改正により、自転車運転者についても、道交法違反行為のうち危険な行為を反復した者について運転者講習を命ずることができる（同108条の3の4）等の定めがおかれました（平成26年6月末現在未施行）。

　また、整備不良車両の検査のための停止・検査等の措置（同63条）についても、軽車両以外の車両が対象であったことから、自転車については、平成25年6月の道交法改正で63条の10が新設され、制動装置を備えていない自転車の停止・検査等の措置、運転を継続してはならない旨の命令等の規定が設けられました。

　また、運転中の携帯電話等の無線通話装置の使用（同71条5号の5）は、自動車のみが対象とされていますが、自転車運転中の携帯電話等の使用については、道交法71条5号の6に基づき都道府県の公安委員会が定める規則で規制されている場合がほとんどです。

　このように、以前は自動車運転者のみ規制の対象とされていた事項についても、最近では自転車運転者についても規制対象とされる傾向がありますので注意が必要です。

5　自動車と同様の規制

　上記以外の規制、例えば信号に従う義務（道交7条）、交差点通行の際の左方優先・広路優先（同36条）、一時停止義務（同43条）、制限速度（同22条1項）、急ブレーキの禁止（同24条）、車間距離の保持（同26条）、進路変更の禁止（同26条の2）、灯火（同52条）や合図（同53条）義務、酒気帯び・過労運転の禁止（同65条、66条）、事故の際の救護義務・事故報告義務（同72条）等は、自転車運転者も対象とされています［⇒Q14］。

　また、道交法57条2項、60条、71条6号等のように、都道府県の公安委員会規則への委任により、公安委員会によって定められた内容も、同時に道交法による規制の内容となる場合もあります。

　例えば、乗車又は積載の制限等（同57条2項）、自動車以外の車両の牽引制限（同60条）、運転者の遵守事項（同71条6号）などです。

これらの公安委員会規則への委任により、公安委員会によって定められた規則の違反に対しては罰則のあるものもあります。

6　教則における指導

いわゆる教則本には、「自転車に乗る人の心得」が掲載されています。教則本の内容は、「交通の方法に関する教則」として、昭和53年10月30日国家公安委員会告示第3号として公表されたもので、道交法108条の28に基づき国家公安委員会が作成し、公表しているものです［⇒**巻末資料**］。

教則本の内容は、法律上の規制とは異なり、「道路を通行する者に対する交通安全教育を行う者」が効果的かつ適切な交通安全教育を行うことができるようにし、及び公安委員会が行う前条の交通安全教育の基準とするため」の「交通安全教育に関する指針」にすぎません。

ただし、教則には、道交法に基づく規制内容を平易に記述した内容も多く含まれており、それらについては道交法違反となり、定めによっては罰則があります。

道交法で規制された内容以外の内容については、罰則はありません。しかし、教則本の指導内容は、安全を確保するために必要な事項として定められていますので、具体的な事故においては、過失相殺における過失（落ち度）として評価されることがありますので、教則に書かれている事項についても、内容によっては守るべきものといえるでしょう。

（岸　郁子）

4 道路等の種類と定義

Q 道路、歩道、車道、自転車道、路側帯、歩行者用道路、横断歩道、自転車横断帯、車両通行帯のそれぞれの意味を教えてください。

1 道　路

　「道路」とは「道路法第2条第1項に規定する道路、道路運送法第2条第8項に規定する自動車道及び一般交通の用に供するその他の場所をいう。」と定義されています（道交2条1項1号）。【最判昭和44・7・11判時562号80頁】は道交法2条1項1号につき「たとえ、私有地であっても、不特定の人や車が自由に通行できる状態になっている場所は、同法上の道路であると解すべきである。」と判示しています。したがって、いわゆる私道は基本的に道交法上の「道路」に含まれます。また駐車場や公園内の通路などであっても「一般交通の用」に客観的に使用されていれば、道交法上の「道路」に該当します。

2 歩道と車道

　「歩道」とは「歩行者の通行の用に供するため縁石線又はさくその他これに類する工作物によつて区画された道路の部分をいう。」と定義されています（道交2条1項2号）。

　「車道」とは「車両の通行の用に供するため縁石線若しくはさくその他これに類する工作物又は道路標示によつて区画された道路の部分をいう。」と定義されています（同項3号）。

　「歩道」の設けられている「道路」にあっては「歩道」を除いた「道路の部分」が「車道」になります。「道路」を「歩道」と「車道」に区別する主な目的は車両から歩行者の通行を保護するためです。この目的から「縁石」

によって「歩道」を「車道」より高くしたり、「さくその他これに類する工作物」（ガードレール等）によって「歩道」を区画したりして、物理的に車両が「歩道」に入りにくい構造になっています。

3　自転車道

「自転車道」とは「自転車の通行の用に供するため縁石線又はさくその他これに類する工作物によつて区画された車道の部分をいう。」と定義されています（道交2条1項3号の3）。

「自転車道」は「車道の部分」ですから、歩道上に単に線が引いてあるにすぎないような部分や歩道上の「普通自転車通行指定部分」（同63条の4第2項本文）は道交法上の「自転車道」ではありません。

4　路側帯

「路側帯」とは「歩行者の通行の用に供し、又は車道の効用を保つため、歩道の設けられていない道路又は道路の歩道の設けられていない側の路端寄りに設けられた帯状の道路の部分で、道路標示によつて区画されたものをいう。」と定義されています（道交2条1項3号の4）。

「路側帯」には一般の「路側帯」のほかに「歩行者用路側帯」というものもあります。一般の「路側帯」は白実線1本を表示して設けたものをいいます。一般の「路側帯」は自転車などの軽車両がその中を通行することができます（同17条の2第1項。ただし、平成25年6月の法改正で道路の左側部分に設けられた路側帯のみ通行できるものとされました）。

これに対して「歩行者用路側帯」は白実線2本を表示して設けたものをいいます。「歩行者用路側帯」は自転車などの軽車両の通行が禁止されます（同項の括弧書）。

なお、「路側帯」に類似した区画線に「車道外側線」があります。「路側帯」は上記の定義にあるように、①歩道の設けられていない道路に設けられたもの、又は②道路の歩道の設けられていない側の路端寄りに設けられたものを意味します。ですから歩道が設けられている側に引かれている区画線は、道交法上の「路側帯」ではありません。このような区画線は「車道外側線」になります。

5　歩行者用道路

「歩行者用道路」とは「歩行者の通行の安全と円滑を図るため車両の通行が禁止されていることが道路標識等により表示されている道路」と定義されています（道交9条）。

日時が限定されている「歩行者天国」や「通学通園路」なども「歩行者用道路」に該当します。

6　横断歩道

「横断歩道」とは「道路標識又は道路標示により歩行者の横断の用に供するための場所であることが示されている道路の部分をいう。」と定義されています（道交2条1項4号）。

「横断歩道」は、歩行者が自動車等から危害を受けることなく安全に道路を横断できるようにするために道路の一定の部分に設けられた場所です。そのため「横断歩道」は、道路標識によって横断歩道であることが明示されるか、道路標示によって明瞭に区画されることになっています。

7　自転車横断帯

「自転車横断帯」とは「道路標識等により自転車の横断の用に供するための場所であることが示されている道路の部分をいう。」と定義されています（道交2条1項4号の2）。

「自転車横断帯」の規定は昭和53年の道交法改正で新設されました。新たに「自転車横断帯」を設けた理由については、自転車利用者の横断中の交通事故が多発していること、また自転車利用者の横断方法の無秩序ぶりが指摘されていることから、歩行者にとっての「横断歩道」にあたる「自転車横断帯」を自転車利用者のために設けることにより、自転車が自動車等から危害を受けないで安全に横断することができるようにし、かつ自転車の秩序ある横断を確保するため、と説明されています。

8　車両通行帯

「車両通行帯」とは「車両が道路の定められた部分を通行すべきことが道

路標示により示されている場合における当該道路標示により示されている道路の部分をいう。」と定義されています（道交2条1項7号）。

　「車両通行帯」は、大きな幅員の道路を縦に区画して設けられた帯状の部分を意味します。一般に「車線」「レーン」などと呼ばれているものが「車両通行帯」です。

（柄澤昌樹）

5 自転車が道路を通行する場合

Q 自転車が道路を通行する場合には、どのような交通法規に従わなければならないのでしょうか。

1 通行区分、通行場所

(1) 通行区分

　自転車は道交法上軽車両であり（道交2条1項8号・11号）、歩道と車道の区別のある道路においては、車道を通行する義務を負います（同17条1項）。
　ただし、道路外の施設又は場所に出入りするためやむを得ない場合において歩道等を横断するときのほか、普通自転車についても、例外的に歩道を通行できる場合があります（同63条の4）[⇒Q8]。
　また、路側帯がある場合には、軽車両である自転車は、原則として路側帯を通行できます（同17条の2）[⇒Q9]。

(2) 通行場所

　自転車が車道や、歩車道の区別のない道路を通行する場合には、自動車と同様、道路の左側部分を通行しなければなりません（同17条4項）。そして、自転車は、自動車と異なり、車両通行帯の設けられた道路を通行する場合を除いては、道路の左側端を通行する義務を負います（同18条1項）。

2 通行方法等

(1) 自動車と同一の規制

　自転車が車道・道路を通行する場合に従うべき交通法規は、自動車とほぼ同じです。
　例えば、交差点における左方優先（道交36条）、直進車・左折車の優先（同37条）、見通しがきかない交差点進入時の徐行義務（同42条1号、優先道路を進行している場合には免除）、一時停止義務（同43条）、急ブレーキの禁止（同

24条)、進路変更禁止（同26条の2)、灯火義務（同52条1項)、合図義務（同53条1項）のほか、酒気帯び運転・過労運転等の禁止（同65条、66条)、安全運転義務（同70条)、事故の際の救護義務・事故報告義務（同72条1項）などを負う点も、自動車と同じです。

　なお、追越禁止場所の規制（同30条）については、軽車両を追い越す場合は除外されていますので、追越禁止場所であっても、車両が自転車を追い越すことは禁止されていないことになります。

(2) 制限速度

　自転車は、道路標識等により最高速度が指定されている道路においては、その制限速度を守って進行しなければなりません（同22条)。

　道路標識等による制限速度規制がない場合、道交法施行令11条は、自動車や原動機付自転車についてはそれぞれ制限速度を60kmと30kmと定めていますが、自転車についての定めはありません。

　なお、歩道上では自転車は徐行義務を負い（同63条の4第2項)、路側帯においても歩行者の通行を妨げないような速度と方法で進行すべき義務を負います（同17条の2第2項)。

(3) 運転者の遵守義務

　自転車運転者が、道交法71条の運転者の遵守事項を守るべきことも自動車と同じです。

　ただし、同条の文言を見ると、携帯電話の使用等については、自動車運転者等のみが規制対象とされています。

　このような事項についても、道交法71条6号の定めに従い、都道府県の公安委員会の定める規則等によって、自転車運転者が従うべき事項が定められれば、道交法上の義務となります。

　規制の内容は都道府県によって異なりますが、ほとんどの都道府県では次のような定めがおかれているようです。

① 携帯電話の使用禁止
② 傘を差し、物を担ぎ、物を持つ等、視野を妨げ、又は安定を失うおそれのある方法で運転してはならないこと
③ カーラジオ、イヤホンの使用等交通に関する音又は声が聞こえないような状態で運転しないこと

④ 警音器の整備（自転車には道交法上警音器設置義務の定めがないため）
⑤ またがり式の乗車装置には前向きでまたがること

　なお、公安委員会の規則では、それ以外にも、自転車の乗車人数や積載重量等の制限（同57条）として、二人乗りの禁止、積載物の制限などが定められています。

3　歩行者との関係

(1) 歩行者の側方を通過する場合

　自転車は、自動車同様、車道や歩車道の区別のない道路を通行する場合に、歩行者の側方を通過するときは、歩行者との間に安全な間隔を保ち、又は徐行しなければなりません（道交18条2項）。

(2) 横断歩道等の通過

　また、自転車は、横断歩道又は自転車横断帯（以下「横断歩道等」という）に接近する場合には、当該横断歩道等を通過する際に当該横断歩道等によりその進路の前方を横断しようとする歩行者又は自転車がないことが明らかな場合を除き、当該横断歩道等の直前（停止線がある場合にはその直前）で停止することができるような速度で進行しなければならないなど、横断歩道における歩行者の優先義務を負います（同38条）。

　横断歩道の設けられていない場所においても、歩行者が道路を横断しているときは、その歩行者の通行を妨げてはならないとされています（同38条の2）。

（岸　郁子）

6 自転車の横断歩道付近の通行

Q 自転車が横断歩道付近を通行・横断する場合や、道路を横断する場合には、どのような交通法規に従わなければならないのでしょうか。

1 自転車が横断歩道を通過する場合

　自転車が、道路や車道を進行中に、横断歩道や自転車横断帯等を通過しようとする場合に従うべき規制には、次のようなものがあります。

(1) 歩行者等の優先

　自転車が道路や車道を進行中に、横断歩道又は自転車横断帯（以下「横断歩道等」という）に接近する場合には、自動車と同様の交通法規に従わなければなりません。

　すなわち、当該横断歩道等を通過する際に、当該横断歩道等によりその進路の前方を横断しようとする歩行者又は自転車がないことが明らかな場合を除き、当該横断歩道等の直前（停止線がある場合にはその直前）で停止することができるような速度で進行しなければなりません。

　また、横断歩道等によりその進路の前方を横断し、又は横断しようとする歩行者等があるときは、当該横断歩道等の直前で一時停止し、かつ、その通行を妨げないようにしなければなりません（道交38条1項）。

　なお、道交法38条1項は、横断歩道上の歩行者のみならず、自転車横断帯を横断する自転車をも保護の対象としています。

(2) 追抜きの禁止等

　自転車は、信号機等による交通規制のない横断歩道等又はその手前の直前で停止している車両等がある場合、当該停止車両等の側方を通過してその前方に出ようとするときは、その前方に出る前に一時停止しなければなりません（同条2項）。

また、自転車は、横断歩道等及び横断歩道等から30ｍ以内の場所では、軽車両以外の車両の側方を通過してその前方に出てはいけないとされています（同条3項）。ここでは、軽車両の側方通過は除外されていますので、自転車が自転車の側方を通過してその前方に出ることは、規制の対象外となります。

(3) 横断歩道のない場所における歩行者の優先

横断歩道の設けられていない場所においても、交差点又はその直近で歩行者が道路を横断しているときは、自転車は自動車と同様、その歩行者の通行を妨げてはなりません（道交38条の2）。

2　横断歩道の横断

自転車が横断歩道付近を横断しようとする場合の法規制は、次のとおりです。

(1) 自転車横断帯の横断

自転車は、付近に自転車横断帯があるときには、当該自転車横断帯を横断しなければなりません（道交63条の6、63条の7）。

したがって、横断歩道付近に自転車横断帯がある場合には、横断歩道ではなく自転車横断帯を進行しなければなりません。この場合、自転車横断帯を通過する車両との関係では、自転車が保護されることは前述のとおりです（同38条1項）。

(2) 横断歩道の横断

他方、自転車横断帯がなく横断歩道のみがある場所では、自転車は、横断歩道を通って道路を横断することができますし、横断歩道以外の場所で道路を横断することもできます。

なお、「通行の方法に関する教則」では、自転車は横断歩道を横断するときは、歩行者の通行を妨げるおそれのない場合を除き自転車に乗ったまま通行しないよう指導がなされていますが、道交法は、自転車が横断歩道を横断すること自体は禁止していません。

3　信号の遵守

　横断歩道付近を通行する場合に、信号による交通規制のなされている場所においては、自転車も信号に従って通行すべきことはいうまでもありません（道交7条）。

　この場合、自転車が対面する信号が自転車用信号（あるいは、歩行者・自転車用信号）の場合にはそれに従うのは当然ですが、車両用信号と歩行者用信号のみの場合、あるいは歩行者用信号のみの場合には、どの信号に従わなければならないのかは問題です。

　この点、自転車も「軽車両」であることから（同2条1項8号・11号）、基本的には車両用信号に従うべきで、かつ、これに従えばよいとされており、歩行者用信号のみの場合にはこれに従う必要はないのが原則です。

　ただし、平成20年4月25日の道交法施行令2条の改正（施行日：同年6月1日）により、自転車が横断歩道を通行しようとする場合には、歩行者用信号に従うべきものとされました。自転車が横断歩道を進行しようとしているにもかかわらず、歩行者用信号には従わなくてよい（歩行者用信号が赤でも、対面する車両用信号が青であれば進行してよい）というのは、常識に反するように思われます。平成20年の道交法施行令の改正は、この当然のことを、改めて、法律上明らかにしたものと考えられます。

（岸　郁子）

7 自転車の交差点進行

Q 自転車が交差点を通行し、あるいは右左折する場合には、どのような交通法規に従わなければならないのでしょうか。

1 自転車の通行の原則

　自転車は、道交法上の軽車両であることから（道交2条1項8号・11号）、交差点を通行する場合には、基本的に自動車等と同じ交通規制に従うこととなります。

　ただし、交差点を通行しようとする場合に、当該交差点又はその付近に自転車横断帯があるときは、当該自転車横断帯を進行しなければなりません（同63条の7第1項）。

2 信号のない交差点を通行する場合

　信号のない交差点におけるそれ以外の規制としては、次のような規制があります。なお、信号がある場合には、信号の規制に従って進行すべきこととなります（道交7条）。

　① 交差点における左方優先

　　自転車は、左方から進行してくる車両の進路を妨害してはなりません（同36条1項）。

　② 優先道路・広路の優先

　　自転車は自車が優先道路を通行している場合を除き、交差する道路が優先道路であるとき、又は明らかに広い道路であるときには、交差道路を通行する車両等の進路を妨害してはならず、徐行しなければなりません（同条2項・3項）。

　③ 直進・左折車の優先

　　自転車が交差点を右折する場合に、当該交差点を直進し又は左折しよう

とする車両等があるときは、その進行妨害をしてはなりません（同37条）。

④　見とおしがきかない交差点における徐行義務

自転車が見とおしがきかない交差点に入ろうとし、又は交差点内で見とおしがきかない部分を通行しようとするときには徐行しなければなりません（同42条1号）。

なお、この徐行義務は、優先道路を通行しているとき以外は免除されません。

⑤　一時停止規制

道路標識等により一時停止すべきことが指定されているときは、自転車は、道路標識等による停止線の直前（道路標識等による停止線が設けられていない場合にあっては、交差点の直前）で一時停止しなければなりません（同43条）。

3　右左折の方法

自転車が交差点を左折するときは、自動車と同様、あらかじめその前からできる限り道路の左側端に寄り、かつ、できる限り道路の左側端に沿って（道路標識等により通行すべき部分が指定されているときは、その指定された部分を通行して）徐行しなければなりません（道交34条1項）。

他方、自転車が交差点を右折するときは、自動車と異なり、二段階右折義務を負います。すなわち、自転車は、あらかじめその前からできる限り道路の左側端に寄り、かつ、交差点の側端に沿って徐行しなければなりません（同条3項）。

「あらかじめその前から」については、合図義務（道交53条）との関係で、およそ30ｍ手前からと解されているようです。

また、右左折の際には、自転車も自動車と同様、合図義務（同条）を負います。ただし、自転車の合図義務については、どの程度これを強制できるかは、いろいろな議論がなされているところです［⇒Ｑ10］。

4　歩行者等の優先

自転車は、自動車等と同様、横断歩道又は自転車横断帯に接近する場合には、その進路の前方を横断しようとする歩行者又は自転車がないことが明ら

かな場合を除き、当該横断歩道等の直前（停止線の直前）で停止することができるような速度で進行しなければなりません。

また、横断歩道等によりその進路の前方を横断し、又は横断しようとする歩行者等があるときは、当該横断歩道等の直前で一時停止し、かつ、その通行を妨げないようにしなければなりません（道交38条1項）。

交差点又はその直近で横断歩道の設けられていない場所において歩行者が道路を横断しているときにも、その歩行者の通行を妨げてはならないとされています（同38条の2）。

さらに、自転車が交差点に入ろうとしたり、交差点内を通行するときは、当該交差点の状況に応じて交差道路を通行する車両、反対方向から進行してきて右折する車両のほか、当該交差点又はその直近で道路を横断する歩行者に特に注意し、かつ、できる限り安全な速度と方法で進行しなければなりません（同36条4項）。

（岸　郁子）

8 自転車の歩道通行

Q 「自転車は歩道を通行してはいけない」という話を聞きましたが、本当でしょうか。自転車が歩道を通行する場合に何か規制があるのでしょうか。

1　自転車は原則的に歩道を通行してはいけない

　道交法17条1項本文は「車両は、歩道又は路側帯と車道の区別のある道路においては、車道を通行しなければならない。」と規定しています。

　自転車は道交法上「軽車両」に該当します（道交2条1項8号・11号）。したがって、自転車は道交法17条1項本文により「歩道」と「車道」の区別のある道路においては「車道」を通行しなければなりません。道交法17条1項違反には3か月以下の懲役又は5万円以下の罰金という罰則も規定されています（同119条1項2号の2）。

　以上から道交法上は原則として「自転車は歩道を通行してはいけない」とされています。

2　例外的に自転車の歩道通行が許される場合

　しかしながら「自転車は歩道を通行してはいけない」という原則を完全に徹底することは現実の交通実態に合いません。道交法も例外的に自転車が「歩道」を通行できる場合を認めています。これが道交法63条の4の規定です。

　「歩道」を通行できる自転車は「普通自転車」に限られています。

　「普通自転車」とは「車体の大きさ及び構造が内閣府令で定める基準に適合する二輪又は三輪の自転車で、他の車両を牽引していないもの」をいいます（道交63条の3）［⇒Q1］。

　道交法63条の4第1項本文の規定に基づいて「普通自転車」が「歩道」

を通行できるのは次の3つの場合です（②及び③は平成19年の道交法改正により平成20年6月1日から新たに認められたものです）。

① 道路標識等により普通自転車が歩道を通行することができることとされているとき

② 普通自転車の運転者が児童・幼児のほか70歳以上の者・身体障害者など車道を通行することが危険であるとして政令で定める者であるとき（道交令26条）

③ その他、車道又は交通の状況に照らして普通自転車の通行の安全を確保するため歩道を通行することがやむを得ないと認められるとき

③は客観的に「歩道を通行することがやむを得ないと認められる」ことが必要であって、自転車運転者が主観的に危険と判断しただけでは足りません。例えば道路工事や連続した駐車車両等により車道の左側を通行することが困難な場合や、車の通行量が非常に多くかつ車道の幅が狭い等により車との接触の危険がある場合などが「歩道を通行することがやむを得ないと認められるとき」に該当すると考えられます。

もっとも以上の3つのいずれかに該当する場合であっても「警察官等が歩行者の安全を確保するため必要があると認めて当該歩道を通行してはならない旨を指示したとき」には自転車は歩道を通行できません（道交63条の4第1項ただし書）。この場合、指示を受けた自転車運転者は「車道」を通行するか、「歩道」を自転車を押して歩くかを選択することになります。

3 歩道における自転車の通行方法の規制

自転車が「歩道」を通行できる場合には、自転車の「歩道」における通行方法はどのように規制されるのでしょうか。

道交法63条の4第2項は、自転車の「歩道」における通行方法について規定しています。この規定に違反した場合には2万円以下の罰金又は科料という罰則規定もあります（道交121条1項5号）。

道交法63条の4第2項に基づく自転車の「歩道」における通行方法の規制内容は以下のとおりです。

まず第1に、自転車は「歩道」の中央から車道寄りの部分あるいは道路標識等により自転車が通行すべき部分として指定された部分（普通自転車通行

指定部分）を「徐行」しなければなりません。

　自転車の「徐行」とはどのようなものでしょうか。大人の早足程度、時速6〜8km程度、又はふらつかない程度に走行できるもっとも遅い速度などとされています。「徐行」ではなく自転車本来の性能を発揮して迅速なスピードで走行しようとする自転車利用者は道交法17条1項の規定に従って「車道」を通行すべきことになります。

　第2に、歩道を通行する自転車の進行が歩行者の通行を妨げることとなるときは自転車は「一時停止」しなければなりません。

　「歩行者の通行を妨げる」とはどのような場合でしょうか。自転車がそのまま進行すると自転車を避けるために歩行者が進路を変えるか又は立ち止まらなければならなくなるような場合であるとされています。

　以上のとおり「歩道」を通行する自転車には「徐行」義務と「一時停止」義務が課されています。「歩道」はもともと「歩行者の通行の用に供するため」のものです（同2条1項2号）。歩行者は「歩道」で自転車に対して優先通行権を持っているのです。

　ただし平成19年の道交法改正によって、普通自転車通行指定部分を通行し又は通行しようとする歩行者がいない場合には自転車に対する「徐行」義務が解除され、自転車は「歩道の状況に応じた安全な速度と方法で進行」できるようになりました（同63条の4第2項ただし書）。

　「歩道の状況に応じた安全な速度と方法」とは、例えば路外施設等から歩行者が急に現れて普通自転車通行指定部分を通行しようとしているのを自転車運転者が発見したときでも直ちに徐行に移ることができるような速度と方法である、とされています。

4　「自転車は歩行者と同じだ」という誤解

　自転車の「歩道」通行に関する道交法上のルールは以上のとおりですが、実際には「自転車は歩行者と同じだ」と誤解して「歩道」を通行している自転車利用者も少なくありません。

　最近、警察庁は道交法上のルールに違反した自転車利用者に対する指導取締の強化等を進める内容の通達を出しました（平成23年10月25日警察庁交通局長「良好な自転車交通秩序の実現のための総合対策の推進について」）。この通

達も「従来、自転車利用者は、多くの歩道で普通自転車歩道通行可の交通規制が実施されていたこともあり、道路交通の場においては歩行者と同様の取扱いをされるものであるという誤解が生じていた」ことを認めています。そして通達は「今一度、自転車は『車両』であるということを、自転車利用者……に徹底させる」として「自転車本来の走行性能の発揮を求める自転車利用者には歩道以外の場所を通行するよう促すとともに、車道を通行することが危険な場合等当該利用者が歩道を通行することがやむを得ない場合には、歩行者優先というルールの遵守を徹底させることが必要である」と述べています。

今後は「歩道」における自転車利用の交通実態よりも、自転車の「歩道」通行に関する道交法上のルールを重視することが求められるでしょう。

(柄澤昌樹)

9 自転車の路側帯通行

Q 自転車が路側帯を通行する場合に何か規制があるのでしょうか。

1 自転車は路側帯を通行できる場合がある

　「路側帯」とは「歩道の設けられていない道路又は道路の歩道の設けられていない側の路端寄りに設けられた帯状の道路の部分」をいいます（道交2条1項3号の4）。

　道交法17条の2第1項は「軽車両は、前条第1項の規定にかかわらず、著しく歩行者の通行を妨げることとなる場合を除き、道路の左側部分に設けられた路側帯（軽車両の通行を禁止することを表示する道路標示によって区画されたものを除く。）を通行することができる。」と規定しています。

　自転車は「軽車両」ですから（同2条1項11号）、自転車は道交法17条の2第1項の規定により「道路の左側部分に設けられた路側帯」を通行できます。

2 自転車の路側帯通行が許されない場合

　これに対し、次の場合には路側帯通行は許されません。

　まず第1に「著しく歩行者の通行を妨げることとなる場合」です。道交法17条の2第1項は「著しく歩行者の通行を妨げることとなる場合を除き」と規定していますから、自転車は「著しく歩行者の通行を妨げることとなる場合」には「路側帯」を通行できません。この場合には自転車は道交法17条1項の規定に従って「車道」を通行しなければなりません。

　「著しく歩行者の通行を妨げることとなる場合」とはどのような場合でしょうか。例えば幅員が狭い路側帯でその狭い路側帯を現に歩行者が通行している場合や、幅員が広い路側帯であっても歩行者の通行が多い場合などが

該当するでしょう。

第2に「軽車両の通行を禁止することを表示する道路標示によつて区画された」「路側帯」です。道交法17条の2第1項は「軽車両の通行を禁止することを表示する道路標示によつて区画されたものを除く。」と規定していますから、自転車はそのような「路側帯」を通行できません。

「軽車両の通行を禁止することを表示する道路標示によつて区画された」「路側帯」とは白実線2本を表示して設けた「歩行者用路側帯」を意味します。自転車が「歩行者用路側帯」を通行することは許されないのです。

第3に、平成25年6月の道交法改正により、軽車両が通行できる路側帯は、「道路の左側部分に設けられた」路側帯とされました。これにより、道路の右側部分の路側帯通行は許されず、17条の車道通行義務違反とされます（3か月以下の懲役又は5万円以下の罰金。道交119条1項2号の2）。

3　自転車が路側帯を通行するときの通行方法

自転車が「路側帯」を通行できる場合には、自転車の通行方法はどのように規制されるのでしょうか。

道交法17条の2第2項は「軽車両は、歩行者の通行を妨げないような速度と方法で進行しなければならない。」と規定しています。

「路側帯」は「歩行者の通行の用に供」するものです（道交2条1項3号の4）。そのため道交法17条の2第2項は、自転車が「路側帯」を通行できる場合であっても歩行者の優先性を規定し、自転車に「歩行者の通行を妨げないような速度と方法で進行する」義務を課しているのです。道交法17条の2第2項違反には2万円以下の罰金又は科料という罰則も規定されています（同121条1項5号）。

道交法17条の2第2項に違反する「歩行者の通行を妨げる速度と方法」とは、例えば自転車の通行が歩行者を立ち止まらせる、歩行者を後退させる、歩行者を車道に追い出すような場合が該当するでしょう。

なお、「路側帯」を通行する軽車両がどの部分を通行すべきかについて、道交法は規定していません。したがって自転車が「路側帯」を通行できる場合には、自転車は「路側帯」のどの部分を通行してもよいと解されています。

（柄澤昌樹）

10 合図・警音器・灯火

Q 自転車にはウィンカーなどがありませんが、右左折等の際に合図を行う義務はあるのでしょうか。また、警音器の使用や灯火については、法律上どのような規制がありますか。

1 自転車の合図義務

(1) 自転車の合図義務と合図の方法

　自転車は、道交法上は軽車両とされ（道交2条1項8号・11号）、右左折等の際には、他の車両と同様、道交法53条の合図義務を負います。

　すなわち、道交法53条は、「車両」の運転者は、左折・右折・転回・徐行・停止・後退・進路変更に際しては、手、方向指示器又は灯火により合図をし、かつ、これらの行為が終わるまで当該合図を継続しなければならないとしており、ここでいう「車両」については、「自転車以外の軽車両を除く」とされているため、自転車も合図義務を負う車両に含まれることとなります。これに違反した場合には、罰則も設けられています（5万円以下の罰金。同120条1項8号・2項）。

　合図を行う時期及び合図の方法については、道交法53条2項において政令で定めるものとされており、道交法施行令21条は、自転車の合図の時期及び方法について次のように定めています。

① 左折するとき及び同一方向に進行しながら進路を左方に変えるとき

　左腕を車体の左側の外に出して水平にのばし、若しくは右腕を車体の右側の外に出してひじを垂直に上にまげること、又は左側の方向指示器を操作すること。

　合図の時期については、左折をする場合は、その行為をしようとする地点（交差点においては交差点の手前の側端）から30m手前の地点に達したとき、進路変更の場合はその3秒前とされています。

②　右折し又は転回するとき、同一方向に進行しながら進路を右方に変えるとき

　右腕を車体の右側の外に出して水平にのばし、若しくは左腕を車体の左側の外に出してひじを垂直に上にまげること、又は右側の方向指示器を操作すること。

　合図の時期については、右折又は転回の場合は、左折と同様その行為をしようとする地点の30m手前の地点に達したとき、進路変更の場合はその3秒前とされています。

③　徐行し、又は停止するとき

　腕を車体の外に出して斜め下にのばすこと、又は車両の保安基準に関する規定若しくはトロリーバスの保安基準に関する規定により設けられる制動灯をつけること。

　合図の時期は、その行為をしようとするときです。

④　後退するとき

　腕を車体の外に出して斜め下にのばし、かつ、手のひらを後ろに向けてその腕を前後に動かすこと。

　合図の時期は、その行為をしようとするときです。

(2)　自転車の合図義務の問題

　以上のように、道交法は自転車運転者にも合図義務を負わせています。

　しかし、方向指示器や制動灯等のついている自転車はほとんどなく、合図義務を守ろうとすれば片手運転となってしまうために、自転車運転の際には、合図義務はあまり履行されていないのが実態と思われます。

　この点、平成20年の教則の改訂の際、警察庁が設けた「自転車の安全な通行方法等に関する検討懇談会」が公表した、「自転車の安全利用のための通行方法等について」（平成19年12月）においては、自転車の合図について次のような指摘がなされています。

　「合図を行うこと自体の必要性は認められるものの、現行法令が定める時期、方法等に従って手信号による合図を行うことは困難との指摘が多く、現実にも合図自体が行われていない場合が多い。」「このため、自転車の運転について実施すべき合図の在り方について検討したが、運転者が安全に実施することができ、かつ、周囲の車両からの視認性が高い合図とはどのようなも

のか（合図の始期・終期、方法、継続性の程度等）について直ちに結論を得ることはできなかった。また、合図のために片手運転となることを回避するためには自転車に方向指示器が装備されていることが望ましいと考えられるが、その普及の可能性については現時点では判然としない。そこで、当面、現行教則により、合図を行うことの必要性及び可能な限りの合図の励行について自転車運転者等に周知を図りつつ、望ましい合図の在り方については、方向指示器等に関する関係業界との協議を含め、警察庁において引き続き調査研究し、結論を得るよう促すことが適当と判断された。」

このように自転車の合図義務に関して、どのような規制を行うべきかについて、未だ検討課題とされています。

したがって、自転車は、道交法上は合図義務を負いますが、これに違反したからといって直ちに罰則を科されるかは疑問であり、また、民事損害賠償の実務においても、自転車が合図を行わなかったことが、直ちに自転車運転者の「過失」と評価されるとは限らないものと思われます。

2　警音器の使用

警音器の使用について、道交法54条1項は、車両が、
① 左右の見とおしのきかない交差点、見とおしのきかない道路のまがりかど又は見とおしのきかない上り坂の頂上で道路標識等により指定された場所を通行しようとするとき
② 山地部の道路その他曲折が多い道路について道路標識等により指定された区間における左右の見とおしのきかない交差点、見とおしのきかない道路のまがりかど又は見とおしのきかない上り坂の頂上を通行しようとするときには、警音器を鳴らさなければならないとしています。

道交法54条の「車両」についても、「自転車以外の軽車両を除く」とされているため、自転車運転者も、上記の場合には警音器の使用等の義務を負うこととなります。この違反についても罰則規定があります（5万円以下の罰金。道交120条1項8号・2項）。

ただし、道交法上は、自転車に警音器「設置」は義務づけられていません。道交法63条の9第1項は、自転車の運転者は、内閣府令で定める基準に適合する制動装置を備えていないため交通の危険を生じさせるおそれが

ある自転車を運転してはならないとし、同条2項は、自転車の運転者は、夜間、内閣府令で定める基準に適合する反射器材を備えていない自転車を運転してはならないとして、制動装置及び反射器材の設置義務を定めていますが、警音器の設置義務は規定されていません。

また、自転車以外の車両については、道交法62条が整備不良車両の運転を禁止しており、車両が備えるべき装置の中に、「警音器その他の警報装置」も含まれていることから（道路運送車両法41条14号）、警音器を設置していない車両の運転が道交法上禁止されています。自転車も、道交法62条の「車両」にあたりますが、道路運送車両法の定める「軽車両」には自転車が含まれないため、自転車の警音器設置義務についての規定は存在しないのです。

自転車については、その代わり、都道府県の公安委員会の定める規則等が、道交法71条6号の運転者の遵守事項として、警音器の設置義務を定めていることが多いようです。例えば東京都道路交通規則では、8条(9)が、「警音器の整備されていない自転車を運転しないこと」という定めを置いています。この規制違反は、道交法71条6号の規定の違反にあたり、罰則規定があります（5万円以下の罰金。道交120条1項9号）。

とはいえ、実際に警音器を設置している自転車を見かけることは少なく、この義務についても、合図義務同様、現状では、履行はあまり期待できないといわざるを得ないのではないかと思われます。

3　灯火義務

灯火義務については、道交法52条が、車両等は、夜間（日没時から日出時までの時間）、道路にあるときは、政令で定めるところにより、前照灯、車幅灯、尾灯その他の灯火をつけなければならないとし、これを受けて道交法施行令18条5号は、軽車両は「公安委員会が定める灯火」をつけなければならないとしています。

したがって、自転車がつけなければならない灯火については、都道府県の公安委員会の規則等で定められることとなります。

この点、例えば東京都道路交通規則は、自転車の灯火について、基本的には、①白色又は淡黄色で、夜間、前方10mの距離にある交通上の障害物を確認することができる光度を有する前照灯、②赤色で、夜間、後方100mの

距離から点灯を確認することができる光度を有する尾灯をつけなければならないが、道交法63条の9第2項本文に定める反射器材（後面の幅が0.5m以上の自転車にあっては、両側にそれぞれ1個以上）を備え付けているときは、②の尾灯をつけることを要しないとしています（東京都道路交通規則9条）。

　灯火義務に違反した場合にも罰則規定があります（5万円以下の罰金。道交120条1項5号・2項）。

（岸　郁子）

11

乗車人員・積載数量

Q 私は、先日、子供に買い物袋を抱きかかえさせて荷台に乗せて自転車を走行していましたら、警察官に呼び止められ、やめるように言われました。荷物をハンドルに引っかけることも考えられるのですが、かえって危険だと思います。子供に荷物を持たせて荷台に乗せての運転は禁止されているのでしょうか。

1　道交法57条2項

　質問では、荷物台に子供を乗せていたところ、警察官からやめるように言われたとのことですので、荷台に子供を乗せることが、自転車の乗車人員の規制に反しないかが問題になります。その他、積載重量についても、検討します。

　道交法57条2項は、「公安委員会は、道路における危険を防止し、その他交通の安全を図るため必要があると認めるときは、軽車両の乗車人員又は積載重量等の制限について定めることができる。」としています。自転車も軽車両ですので（道交2条1項8号・11号）、この規定に従い、乗車人員や積載重量は、公安委員会の規則によることになります。

2　自転車の乗車人員について

　公安委員会規則の一例として東京都道路交通規則を見ると、同規則10条は、「法第57条第2項の規定により、軽車両の運転者は、次に掲げる乗車人員又は積載物の重量等の制限をこえて乗車をさせ、又は積載をして運転してはならない。」とし、乗車人員については、同条(1)アで、「二輪又は三輪の自転車には、運転者以外の者を乗車させないこと。」としており、二人乗り運転を原則として禁止しています。

そして、二人乗り運転が認められる例外として、「ただし、次のいずれかに該当する場合は、この限りでない。」とし、「16歳以上の運転者が幼児用座席に幼児（6歳未満の者をいう。以下同じ。）1人を乗車させるとき。」及び「16歳以上の運転者が幼児2人同乗用自転車（運転者のための乗車装置及び2の幼児用座席を設けるために必要な特別の構造又は装置を有する自転車をいう。）の幼児用座席に幼児2人を乗車させるとき。」には、二人乗りまたは三人乗りを認めています。

すなわち、自転車に一人用または二人用の幼児用座席を設置している場合であって、この幼児用座席に当該最大人員までの6歳未満の幼児を乗車させる場合で、運転者が16歳以上である場合には、二人乗りまたは三人乗りが認められることになります。

また、三輪自転車については、「三輪の自転車（2以上の幼児用座席を設けているものを除く。）に、その乗車装置に応じた人員までを乗車させるとき。」としており、幼児用乗車座席が設置されている場合には、6歳未満の幼児をその幼児用乗車座席数までは乗車させることができることとされています。

なお、同号ウは、「16歳以上の運転者が幼児1人を子守バンド等で確実に背負っている場合の当該幼児は、」ア及びイの規定の適用については、「当該16歳以上の運転者の一部とみなす。」としています。

他の都道府県の規制を見ると、ほとんどの都道府県では同様の内容の規則となっていますが、例えば、乗車席が設置されている場合には、二人乗りを許す内容の例もあります（例えば、平成26年3月現在の兵庫県道路交通法施行細則7条(1)ア(オ)号は「運転者以外の用に供する一の乗車装置を備える自転車の運転手が、その乗車装置に一人を乗車させている場合」を二人乗り禁止の例外としています）。

3　積載重量について

先に見たとおり、道交法57条2項は、積載重量についても「公安委員会の規則による」としています。

東京都道路交通規則を見ると、同規則10条(2)は、積載物の重量の制限について、「積載装置を備える自転車にあっては30kgを、リヤカーをけん引す

る場合におけるそのけん引されるリヤカーについては120kgを、それぞれこえないこと。」としており、自転車の荷台などへの積載は30kgが上限です。その他、東京都道路交通規則では、自転車の積載物の長さ、幅、高さや、積載の方法についても、次のような定めをおいています（同規則10条(3)、(4)）。

まず、積載物の長さ、幅及び高さについては、それぞれ次の長さ、幅又は高さをこえないものとし、長さについては「自転車にあつてはその積載装置の長さに0.3メートル」を加えたもの、幅については「積載装置又は乗車装置の幅に0.3メートル加えたもの」、高さについては「2メートルから、それぞれの積載をする場所の高さを減じたもの」としています。

積載の方法については、前後は、積載装置から前後に最もはみ出した部分の合計が0.3mをこえないこと、左右は、その積載装置からそれぞれ0.15mをこえてはみ出さないこと、とされています。

4 本問について

お子さんの年齢が不明ですが、各都道府県の公安委員会の定める規則等を見ても、少なくとも荷台に乗車させることを許すものはありませんので、本件での警察官の指摘は正しく、子供とはいえ、荷台に子供を乗せて二人乗りすることは禁止されています。ましてや、荷物を子供に持たせて荷台に座らせるのは危険であり、やめるべきだと思います。なお、お子さんが6歳未満の場合、幼児用座席を設置することで、お子さんを自転車に同乗させることができます。

他方で、荷物をハンドルにかけることも、指摘のとおり危険である上に、積載方法違反となる可能性がありますので、大きくはみ出さないよう、きちんとカゴに入れるべきでしょう。

（伊豆隆義）

12 携帯電話の使用

Q 携帯電話をかけながら自転車を運転していたところ、警察官に罰金を命ぜられることがあると警告されました。自転車に乗りながら携帯電話の通話はいけないのでしょうか。また、他に問題となる行為はありますか。

1　携帯電話の使用に関する規制

　運転の際の携帯電話の禁止については、道交法71条5号の5に規制がありますが、同条が規制としているのは自動車又は原動機付自転車の運転です。自転車運転中の携帯電話の使用については、道交法70条の安全運転義務違反、あるいは同法71条の運転者の遵守事項違反にあたるか否かが問題となります。

　道交法70条は、自転車の運転者は、「当該車両等のハンドル、ブレーキその他の装置を確実に操作し、かつ、道路、交通及び当該車両等の状況に応じ、他人に危害を及ぼさないような速度と方法で運転しなければならない。」とし（安全運転義務）、さらに、同法71条は、車両等の運転者の遵守事項を明示しており、これらに違反する場合には、罰則の適用があります。

　携帯電話での通話をしながらの運転などが、これらの規定に違反しないのか、違反した場合に罰金の対象になるのかについて、順次検討します。

2　運転者の遵守事項

　道交法71条の各運転者遵守事項のうち、自転車にも適用があると考えられるものとして、次のものがあります。

　① ぬかるみ又は水たまりを通行するときは、泥よけ器を付け、又は徐行する等して、泥土、汚水等を飛散させて他人に迷惑を及ぼすことがないようにすること（5万円以下の罰金。道交120条1項9号）。

② 身体障害者用の車いすが通行しているとき、目が見えない者が14条1項の規定に基づく政令で定めるつえを携え、若しくは同項の規定に基づく政令で定める盲導犬を連れて通行しているとき、耳が聞こえない者若しくは同条2項の規定に基づく政令で定める程度の身体の障害のある者が同項の規定に基づく政令で定めるつえを携えて通行しているとき、又は監護者が付き添わない児童若しくは幼児が歩行しているときは、一時停止し、又は徐行して、その通行又は歩行を妨げないようにすること（3か月以下の懲役又は5万円以下の罰金。同119条1項9号の2）。

②の2 前号に掲げるもののほか、高齢の歩行者、身体の障害のある歩行者その他の歩行者でその通行に支障のあるものが通行しているときは、一時停止し、又は徐行して、その通行を妨げないようにすること。

②の3 児童、幼児等の乗降のため、政令で定めるところにより停車している通学通園バス（専ら小学校、幼稚園等に通う児童、幼児等を運送するために使用する自動車で政令で定めるものをいう。）の側方を通過するときは、徐行して安全を確認すること（3か月以下の懲役又は5万円以下の罰金。同119条1項9号の2）。

③ 道路の左側部分に設けられた安全地帯の側方を通過する場合において、当該安全地帯に歩行者がいるときは、徐行すること（3か月以下の懲役又は5万円以下の罰金。同120条1項9号の2）。

④ 乗降口のドアを閉じ、貨物の積載を確実に行う等当該車両等に乗車している者の転落又は積載している物の転落若しくは飛散を防ぐため必要な措置を講ずること（5万円以下の罰金。同120条1項9号）。

④の2 車両等に積載している物が道路に転落し、又は飛散したときは、速やかに転落し、又は飛散した物を除去する等道路における危険を防止するため必要な措置を講ずること（5万円以下の罰金。同120条1項9号）。

④の3 安全を確認しないで、ドアを開き、又は車両等から降りないようにし、及びその車両等に乗車している他の者がこれらの行為により交通の危険を生じさせないようにするため必要な措置を講ずること（5万円以下の罰金。同120条1項9号）。

⑤ 車両等を離れるときは、その原動機を止め、完全にブレーキをかける等当該車両等が停止の状態を保つため必要な措置を講ずること（5万円

以下の罰金。同120条1項9号）。
⑥　前各号に掲げるもののほか、道路又は交通の状況により、公安委員会が道路における危険を防止し、その他交通の安全を図るため必要と認めて定めた事項（5万円以下の罰金。同120条1項9号）。

3　公安委員会の定める規則

　以上のうち、⑥については、都道府県の公安委員会が定めた規則によって禁止されている事項がある場合、これに違反した場合には、道交法71条6号違反となり、同法120条1項9号により、5万円以下の罰金を科されることがあるというものです。
　各都道府県の公安委員会の規則のうち、東京都道路交通規則を見てみると次のような規定が置かれています（自転車に関係あるもののみ引用します）。

（運転者の遵守事項）
第8条　法第71条第6号の規定により、車両又は路面電車（以下「車両等」という。）の運転者が遵守しなければならない事項は、次に掲げるとおりとする。
⑴　前方にある車両が歩行者を横断させるため停止しているときは、その後方にある車両は、一時停止し、又は徐行して、その歩行者を安全に横断させること。
⑶　傘を差し、物を担ぎ、物を持つ等視野を妨げ、又は安定を失うおそれのある方法で、大型自動二輪車、普通自動二輪車、原動機付自転車又は自転車を運転しないこと。
⑷　自転車を運転するときは、携帯電話用装置を手で保持して通話し、又は画像表示用装置に表示された画像を注視しないこと。
⑸　高音でカーラジオ等を聞き、又はイヤホーン等を使用してラジオを聞く等安全な運転に必要な交通に関する音又は声が聞こえないような状態で車両等を運転しないこと。ただし、難聴者が補聴器を使用する場合又は公共目的を遂行する者が当該目的のための指令を受信する場合にイヤホーン等を使用するときは、この限りでない。
⑼　警音器の整備されていない自転車を運転しないこと。

⑽　またがり式の乗車装置に人を乗車させる場合は、前向きにまたがらせること。

⑾　どろ土の路外から舗装された道路に入る場合は、車両に付着したどろ土を路面に落とさないための確認をし、かつ、その措置をとること。

4　都道府県の規則による規制

　携帯電話通話については、東京都の場合、東京都道路交通規則8条(4)で禁止されていますので、道交法71条6号違反として罰金の適用も含めて、違反行為ということになります。

　その他の道府県の規則についてもほぼ同様です。ただし、規定がない場合でも上述の道交法70条の安全運転義務違反になる場合がありますので、警察官の警告は正しいと考えます。

　その他の注意点としては、2に記載の遵守事項、各公安委員会の定める道路交通規則記載の事項を遵守する必要があります。

（伊豆隆義）

13

自転車と酒気帯び運転

Q 酒気帯び運転や過労運転は、自転車でも禁止されますか。

1　自転車の道交法上の扱い

　道交法2条1項8号は、車両を「自動車、原動機付自転車、軽車両及びトロリーバスをいう。」と定義しており、同条11号は、軽車両を「自転車、荷車その他人若しくは動物の力により、又は他の車両に牽引され、かつ、レールによらないで運転する車（そり及び牛馬を含む。）であつて、身体障害者用の車いす、歩行補助車等及び小児用の車以外のものをいう。」と定義しています。自転車は、軽車両の一種として車両に含まれていることになります。

　したがって、道交法の定めの中で、車両について定められている規定は、自転車にも適用されます。

2　酒気帯び運転等の禁止

　道交法65条1項は「何人も、酒気を帯びて車両等を運転してはならない。」と定めています。

　「何人も」とは誰でもという意味で、国籍、性別、年齢を問いません。車両には自転車を含みますので、いい換えますと、酒気を帯びて自転車を運転してはならないことを定めた規定となります。

　酒気を帯びて自転車を運転してはならないとの禁止は、罰則との関係で次の3通りに区分されます。

① 　酒に酔った状態（アルコールの影響により正常な運転ができないおそれがある状態をいう。）にあったもの（5年以下の懲役又は100万円以下の罰金。道交117条の2第1号）

② 　身体に政令で定める程度以上（血液1mℓにつき0.3mg又は呼気1ℓに

つき0.15mg）にアルコールを保有する状態にあったもの（3年以下の懲役又は50万円以下の罰金の罰則が定められていますが（道交117条の2第3号、道交令44条の3）、軽車両である自転車には罰則の適用はありません。）

③　身体に政令で定める程度未満のアルコールを保有する状態にあったもの（罰則なし）

　ただし、血液1mℓにつき0.3mg又は呼気1ℓにつき0.15mg未満であっても、アルコールの影響により正常な運転ができないおそれがある状態にあった場合には、①の酒酔い運転に該当します。

3　過労運転等の禁止

　道交法66条は「何人も、前条第一項に規定する場合のほか、過労、病気、薬物の影響その他の理由により、正常な運転ができないおそれがある状態で車両等を運転してはならない。」と定めています。

　これまで述べたように、自転車は車両の一種ですから、過労、病気、薬物の影響その他の理由により、正常な運転ができないおそれがある状態で自転車を運転してはならないことを定めた規定となります。

　過労とは、普通に認められる活動能力の減退の程度がさらに進んだ状態をいいます。病気には内科的疾患、精神的疾患などが含まれます。薬物の影響は薬事法に規定する医薬品や麻薬、覚醒剤、睡眠薬などに限らず、正常な運転ができないおそれがある状態を生じさせる性状のあるアルコール以外の薬品的な物質一般をいうと解されています。「その他の理由」とは外科的疾患、精神病に至らない程度の精神障害等、外科的疾患による肢股の不自由、重大事による気の動転、夢想による精神的虚脱状態、てんかん発作、失神状態などが含まれます（執務資料道交法16訂706〜707頁）。

（髙木宏行）

14

事故を起こしたときの義務

Q 自転車運転中に事故を起こした場合には、どのような対応が必要でしょうか。

1　救護義務・事故報告義務

　自転車も道交法上軽車両にあたることから（道交2条1項8号・11号）、事故を起こした場合には、自転車運転者も、救護義務等の緊急措置義務、事故報告義務（同72条1項）を負います。

　すなわち自転車運転者は、直ちに車両等の運転を停止して負傷者を救護し、道路における危険を防止する等必要な措置を講じなければなりません。

　また、自転車運転者は、直ちに警察官に交通事故が発生した日時及び場所、事故による死傷者の数及び負傷者の負傷の程度並びに損壊した物及びその損壊の程度、事故に係る車両等の積載物並びに事故について講じた措置を報告しなければなりません。

　この違反には罰則があり（救護義務違反については1年以下の懲役又は10万円以下の罰金、同117条の5第1号。事故報告義務違反については3か月以下の懲役又は5万円以下の罰金、同119条1項10号）、いわゆるひき逃げとして処罰されることもあります。

　なお、警察に事故報告を行っていれば、自転車事故であっても事故証明書が発行されます。

2　保険契約上の義務

　自転車事故で加害者となった場合には、賠償責任保険（個人賠償責任保険であることが多いと思われます）の加入・適用があるかどうかという点が重要となります［⇒Q43・44］。

　そして、保険に加入していたとしても、保険金の支払いを受けるために

は、保険契約上の義務を履行することが必要です。

多くの賠償責任保険では、次のような義務が約款上定められています。
① 損害の発生及び拡大の防止に努める義務
② 事故発生の事実（日時、場所、概要や、被害者の情報、目撃者の情報など）を保険会社に通知する義務
③ 損害賠償請求を受けた場合や損害賠償請求訴訟を提起された場合の保険会社への通知義務
④ 損害賠償請求を受けた場合に、保険会社等の承認を得ずにその全部または一部を承認しないこと

これらの義務を怠った場合、①に違反した場合には損害の発生又は拡大を防止できたと認める額、④の違反の場合には賠償責任がないと認められる額、それ以外の場合には保険会社がそれによって被った損害の額などが、支払われる保険金の額から差し引かれる場合がありますので、注意が必要です。

とはいえ、保険会社が保険による保護を求める加害者（契約者やその家族等）に対して、この義務違反を主張するかどうかはケースバイケースです。

自転車事故の当事者は、事故直後は上記保険に加入していることに気が付かないこともよくあり、保険会社への通知が遅れることも少なくないと思われますが、このような場合に、すぐに②の義務違反とされることは酷といえます。したがって、自転車事故の加害者となった場合で、だいぶ後になって賠償責任保険の加入に気がついたような場合にも、まずは保険会社に相談してみるべきでしょう。

3　被害者への対応

(1) 被害者への謝罪について

交通事故を起こした場合にも、被害者にはすぐには謝罪しない方がよい、という意見やアドバイスを耳にすることがあります。これは、事故についての責任の有無が問題となったり、過失相殺が問題となるような事故で、被害者に謝罪をしてしまうと、責任を100％認めたかのような誤解を与えてしまう、というようなことが理由のようです。

しかしながら、賠償責任を負わないことが明らかである場合であればとも

かく、自転車運転者が運転中に他人にケガをさせた以上は、少なくとも道義上の責任はあるものとして、相手の安否を気遣うなど誠意ある態度はとるべきと思われます。

　実務上は、事故後に誠実とはいえない態度をとってしまったがために、被害者が感情的になって賠償問題がこじれたり、その解決が長引くこともあります。また、加害者とされる当事者の態度があまりにも非常識な場合には、被害者に支払うべき慰謝料の額が通常より高めに認定されてしまう場合もあります。

(2)　被害者からの賠償請求について

　他方で、被害者から賠償請求を受けた場合の対応について、請求されるがままに賠償金を支払う必要まではありません。領収証や休業損害証明書など、信頼できる証拠に基づき、かつ、事故と因果関係が認められる範囲で、適正な賠償金額を支払うこととなります。

　例えば、治療費については、領収証を確認するのは当然ですが、さらに事故で負った傷害の治療であり（事故と相当因果関係のある治療）、その額が相当である場合にこれを支払う義務を負うこととなります。

　休業損害についても、休業日数1日あたりの金額については、事故前3か月程度の給与明細書や源泉徴収票から平均収入を出し、また、休業日数については、勤務先会社から「休んだ」ことの証明書を出してもらって、支払額を確定すべきこととなります。

　この点、加害者が賠償責任保険に加入しておらず、適正な賠償金額がいくらかについて判断に迷った場合、あるいは被害者から多額の請求を受けて対応に困った場合、さらには、過失相殺について争いがある場合などには、法律相談を利用したり、弁護士等に依頼することも検討すべきでしょう。

（岸　郁子）

15

歩行者が道路等を通行等する場合

Q 歩行者も道路等を通行したり、横断するときに、守らなければならないルールが道交法に定められているのでしょうか。そのほか歩行者が守るべきことはなんですか。もし、守らないと歩行者でも不利益を受けることがあるのでしょうか。

1 歩行者とは

　歩行者は、通常は、車両等に乗車しておらず、道路を歩いて通行する者をいいますが、道交法は、次の者も歩行者と取り扱うと定めています（道交2条3項）。
　① 身体障害者用の車いす、歩行補助車等又は小児用の車を通行させている者
　② 大型自動二輪車若しくは普通自動二輪車、二輪の原動機付自転車又は二輪若しくは三輪の自転車（これらの車両で側車付きのもの及び他の車両を牽引しているものを除く。）を押して歩いている者

2 歩行者の通行方法（通行区分）に関する道交法の定め

　道交法には、歩行者が道路等を通行する際に守らなければならない事項が定められています。その内容は次のとおりです。
　① 道路を通行する歩行者は、信号機の表示する信号又は警察官等の手信号等（警察官等が手信号その他の信号により交通整理を行う場合においては、当該手信号等）に従わなければなりません（道交7条）。
　② 歩行者は、道路標識等によりその通行を禁止されている道路又はその部分を通行してはなりません（同8条1項）。
　③ 歩行者は、歩道又は歩行者の通行に十分な幅員を有する路側帯と車道

の区別のない道路においては、道路の右側端に寄って通行しなければなりませんが、道路の右側端を通行することが危険であるときや、やむを得ないときは、道路の左側端に寄って通行することができます（同10条1項）。

④　歩行者は、歩道又は歩行者の通行に十分な幅員を有する路側帯と車道の区別のある道路においては、歩道又は歩行者の通行に十分な幅員を有する路側帯を通行しなければなりません。

　例外的に、(ア)車道を横断するとき、(イ)道路工事等のため歩道等を通行することができないとき、その他やむを得ないとき、には車道を通行することができます（同10条2項）。

　(イ)のその他やむを得ないときについては、次のような場合が該当するとされています。(a)風で吹き飛ばされ車両に落下した帽子を拾うとき、(b)車道に飛び出した幼児を連れ戻すとき、(c)児童が車道に転がり出た球を拾うとき、(d)木材、竹竿等長大物件のため歩道等を通交することができないとき、(e)身体障害者用のいす又は二輪の車両を押して通行する場合に、歩道の縁石等のため歩道に入ることが困難なとき、とされています（執務資料道交法16訂152〜153頁）。

⑤　歩道を通行する場合、歩行者は、普通自転車通行指定部分（同63条の4第2項）があるときは、その普通自転車通行指定部分をできるだけ避けて通行するように努めなければなりません（同10条3項）。

⑥　都道府県公安委員会が歩行者の通行禁止の規制を行った場合には、歩行者はその道路を通行してはなりません（同4条1項）。公安委員会が道路標識等によってこの規制をしたときは、その道路又はその部分を通行してはなりません（同8条1項）。この規制が短期間のものであるときは、警察署長に行わせることができるとされています（同5条1項）。

⑦　警察官は、道路の損壊、火災の発生その他の事情により道路において交通の危険が生ずるおそれがある場合において、その道路における危険を防止するため緊急の必要があると認めるときは、必要な限度において、その道路について一時的に歩行者の通行を禁止することができます（同6条4項）。

⑧　歩行者用道路を通行するときは、歩行者は車両に対して注意を払う必

要はないとされています（執務資料道交法16訂141頁（9条の解説））。
⑨　歩行者は、みだりに高速自動車国道に立ち入り、又は高速自動車国道を自動車による以外の方法により通行してはなりません（高速自動車国道法17条1項）。

3　横断の方法に関する道交法の定め

　道交法には、歩行者が道路を横断する際に守らなければならない事項や監督者等が守らなければならない事項が定められています。その内容は次のとおりです。

①　歩行者は、道路を横断しようとするときは、横断歩道がある場所の附近においては、その横断歩道によって道路を横断しなければなりません（道交12条1項）。

②　交差点において道路標識等により斜めに道路を横断することができることとされている場合を除いて、斜めに道路を横断してはなりません（同条2項）。

③　歩行者は、横断歩道によって道路を横断するとき、信号機の表示する信号若しくは警察官等の手信号等に従って道路を横断するとき以外は、車両等の直前又は直後で道路を横断してはなりません（同13条1項）。

④　歩行者は、道路標識等によりその横断が禁止されている道路の部分においては、道路を横断してはなりません（同条2項）。

⑤　目が見えない者（目が見えない者に準ずる者を含む。以下同じ。）は、道路を通行するときは、政令で定めるつえを携え、又は政令で定める盲導犬を連れていなければなりません（同14条1項）。

⑥　目が見えない者以外の者（耳が聞こえない者及び政令で定める程度の身体の障害のある者を除く。）は、政令で定めるつえを携え、又は政令で定める用具を付けた犬を連れて道路を通行してはなりません（同条2項）。

⑦　児童（6歳以上13歳未満の者）若しくは幼児（6歳未満の者）を保護する責任のある者は、交通のひんぱんな道路又は踏切若しくはその附近の道路において、児童若しくは幼児に遊戯をさせたり、自ら若しくはこれに代わる監護者が付き添わないで幼児を歩行させてはなりません（同14条3項）。

⑧　児童又は幼児が小学校又は幼稚園に通うため道路を通行している場合、誘導、合図その他適当な措置をとることが必要と認められる場所については、警察官やその場所に居合わせた者は、児童又は幼児が安全に道路を通行することができるように努めなければなりません（同条4項）。
⑨　高齢の歩行者、身体の障害のある歩行者その他の歩行者でその通行に支障のあるものが道路を横断し、又は横断しようとしている場合において、その歩行者から申出があったときや必要があると認められるときは、警察官やその場所に居合わせた者は、誘導、合図その他適当な措置をとることにより、その歩行者が安全に道路を横断することができるように努めなければなりません（同14条5項）。

4　その他の遵守事項に関する道交法の定め

道交法には、これまで述べた内容のほかに、歩行者が守らなければならない事項が定められています。その内容は次のとおりです。

①　何人も、信号機若しくは道路標識等又はこれらに類似する工作物若しくは物件をみだりに設置してはなりません（道交76条1項）。この違反に対しては、6か月以下の懲役又は10万円以下の罰金という罰則規定があります（同118条1項6号）。

②　何人も、信号機又は道路標識等の効用を妨げるような工作物又は物件を設置してはなりません（同76条2項）。この違反に対しても①と同様の罰則規定があります。

③　何人も、交通の妨害となるような方法で物件をみだりに道路に置いてはなりません（同76条3項）。この違反に対しては、3か月以下の懲役又は5万円以下の罰金という罰則規定があります（同119条1項12号の4）。

④　何人も、次の行為をしてはなりません（同76条4項）。

　(ア)　道路において、酒に酔って交通の妨害となるような程度にふらつくこと。

　(イ)　道路において、交通の妨害となるような方法で寝そべり、すわり、しゃがみ、又は立ちどまっていること。

(ウ)　交通のひんぱんな道路において、球戯をし、ローラー・スケートをし、又はこれらに類する行為をすること。
　(エ)　石、ガラスびん、金属片その他道路上の人若しくは車両等を損傷するおそれのある物件を投げ、又は発射すること。
　(オ)　前号に掲げるもののほか、道路において進行中の車両等から物件を投げること。
　(カ)　道路において進行中の自動車、トロリーバス又は路面電車に飛び乗り、若しくはこれらから飛び降り、又はこれらに外からつかまること。
　(キ)　前各号に掲げるもののほか、道路又は交通の状況により、公安委員会が、道路における交通の危険を生じさせ、又は著しく交通の妨害となるおそれがあると認めて定めた行為。
この内容の例として、東京都道路交通規則の定め（東京都道路交通規則17条）を見てみましょう。
　(a)　氷結するおそれのあるとき、道路に水をまくこと。
　(b)　みだりに道路にどろ土、汚水、ごみ、くず、くぎ、ガラス片等をまき、又は捨てること。
　(c)　車両の運転者の目をげん惑するような光をみだりに道路上に投射すること。
　(d)　みだりに物件を道路上に突き出し、又は車両等の中から身体若しくは物件を出すこと。
　(e)　道路において、販売のための車両を陳列し、又は洗車若しくは修理（応急修理を除く。）をすること。
　(f)　別表第3に定める道路における電柱、変圧塔その他の工作物に、信号機若しくは道路標識の効用を妨げ、又は車両等の運転者の安全な運転を妨げるおそれのあるような方法で広告の類を表示すること。
　(g)　道路において、みだりに発煙筒、爆竹その他これらに類するものを使用すること。
　(f)　交通の頻繁な道路に宣伝物、印刷物その他の物を散布し、又はこれに類する行為をすること。
　(h)　道路において、大型自動二輪車、普通自動二輪車又は原動機付自転車

から鉄パイプ、木刀、金属バットその他これらに類するものを突き出し、又は振り回すこと。

これらの違反に対しては、5万円以下の罰金という罰則規定があります（道交120条1項9号）。

5　教　則

教則とは、道路を通行する者が適正な交通の方法を容易に理解することができるようにするため、①法令で定める道路の交通の方法、②道路における危険を防止し、その他交通の安全と円滑を図り、又は道路の交通に起因する障害を防止するため、道路を通行する者が励行することが望ましい事項、③そのほか、自動車の構造その他自動車等の運転に必要な知識、を内容とするもので、国家公安委員会が作成するものをいいます（道交108条の28第4項）。

この教則は、交通の方法に関する教則（昭和53年10月30日国家公安委員会告示第3号）として公表されています。法規命令又は行政規則ではなく、道路交通に関する法令に有権的解釈を加えたものに止まると位置づけられていますが（『執務資料道交法16訂』1165頁）、道交法の内容を敷衍した内容を含んでいることには注意が必要です。

6　遵守しなかった場合の問題

道交法の内容や教則の定める内容を遵守することは重要なことですが、道交法や教則の定めを遵守しなかった場合には、民事上、どのような不利益が発生するのでしょうか。

道交法の違反が、事故の発生原因となっている場合には、その違反は過失相殺において重要な要素の1つとして考慮されることになります。もっとも、その程度については、各規定の内容や事故発生の他の原因との関係などにもよって異なってきますので一概にいうことができません。

他方で教則の内容は、上記のように、道交法の内容を敷衍したものが多く含まれています。したがって、教則の違反であっても、それが道交法の違反となっている場合には、上記と同じ考慮となります。

教則のみに書かれている内容に違反した場合はどうでしょうか。教則の性質が法規や命令ではないとしても、適正な交通の方法を記述したものとなっ

ていることからは、過失相殺における過失（落ち度）として評価される可能性があります。

　もちろん、「夜間は、歩行者から自動車のライトが見えても、運転者から歩行者がよく見えないことがあります。特に雨などでアスファルトの路面がぬれているときは、歩行者が見えにくくなりますから注意しましょう。」（道交法第2章第5節1）との教則の内容に違反して、後から自動車がくることがライトでわかっていても、路側帯の中にいるから大丈夫と軽信して、振り返って確認するといった注意を払わず歩いていた場合に、路側帯へはみ出して通行してきた車両に轢過されたからといっても歩行者に過失があるとはいえないでしょう。

　このように、教則の遵守事項に対する違反と過失相殺の有無及びその程度については、その定めの内容や具体的な事案における重要性などに応じて、個別に検討する必要があります。

（髙木宏行）

2

自転車事故の
損害賠償責任

16

自賠法の不適用

Q 自転車にぶつけられてけがをした場合にも、自動車事故と同様に自賠法は適用されるのでしょうか。

1 自賠法は自動車事故を対象としている

　自動車損害賠償保障法（以下「自賠法」という）3条本文は、「自己のために自動車を運行の用に供する者は、その運行によつて他人の生命又は身体を害したときは、これによつて生じた損害を賠償する責に任ずる。」と定めて、自動車による人身事故について自動車損害賠償責任を定めています。自賠法は、

① 「自己のために自動車を運行の用に供する者」（運行供用者）という概念を創設して賠償責任の主体を拡大した上で、

② 自動車の運行につき、自己又は運転者に過失のなかったこと、被害者又は運転者以外の第三者に故意又は過失のあったこと、自動車に構造上の欠陥又は機能の障害がなかったことのすべてを立証しなければならないとして、立証責任の転換を図り、運行供用者にいわゆる相対的無過失責任を負わせ、

③ すべての自動車に賠償責任保険（自賠責保険）契約の締結を強制して自動車側の賠償能力を常時確保する措置を講じる

こととして被害者の保護等を図っています（自賠1条）。その対象は、上記のように「自動車」による事故です。

2 自転車加害事故には自賠法の適用がない

　自賠法3条にいう「自動車」とは、「道路運送車両法第2条第2項に規定する自動車及び同条第3項に規定する原動機付自転車をいう。」（自賠2条1項）と定めており、道路運送車両法2条4項の軽車両を適用対象としていま

せん。

　自転車は軽車両の一種ですので、自賠法3条にいう「自動車」には含まれず、したがって自転車事故には自賠法は適用することができません。
　そのため自転車による人身事故の場合には、
①　賠償責任の主体が「運行供用者」に拡大されることはないため、基本的に民法等の規定により責任者を定めなければならず、
②　故意又は過失の立証責任が転換されることはないため、自転車運転者に賠償責任を負わせるには、被害者の側で民法709条に基づき自転車運転者に故意又は過失があったことを証明しなければならず、
③　自賠責保険（強制保険）の加入対象にならないため、被害者が実際に賠償を受けることができるかどうかは自転車事故につき賠償責任を負う者に資力があるかどうかによって左右される
ということになります。

3　自転車加害事故に自賠法が適用されない問題点

　このように自転車事故には自賠法が適用されないため、次のような問題があります。
①　被害者は、加害運転者に故意又は過失があったことを立証しなければなりません。
②　自転車と衝突してけがをしたり、後遺症が残ったり、あるいは死亡に至った場合に、加害者に損害賠償を求めても、加害者に賠償資力がないときには、被害回復が困難となります。自転車を運転するには運転免許を受ける必要がないため未成年者でも運転が可能であり、実際にも未成年者が加害者となる自転車事故も多く発生しています。特に、そのような事故では加害者に賠償資力がないケースがほとんどです（自転車運転者の親等が賠償責任を負うかについては［⇒Q17～20］）。
　　また自賠法が適用される自動車事故では自賠責保険から一定額の給付を受けることができますが、自転車事故ではそれすらも受けられません（自転車加害事故に適用される任意保険については［⇒Q43～46］）。
③　自転車事故によって被害者に後遺症が残ったときに、それがどの程度の労働能力喪失を伴うものであるのかの認定（後遺障害等級認定）を受

けることができません。そのため被害者は、医療記録等から後遺症の存在、程度等を立証しなければならず、また自賠責保険による認定がないため、加害者との間で後遺症の有無や程度等が争いになることも少なくありません［⇒Q 28］。

このように自賠法が適用されないために生じる問題のほか、任意保険の普及率もまだ低いために、被害者は治療を受けるための費用が内払いされず自己負担せざるを得ないこと、また、そのために十分な治療を受けられない事態となることや、休業によって収入が得られず生活に支障が生じること、などの問題もあります。

4 将来の課題

当初の自賠法は原動機付自転車をその適用対象としていませんでした。しかしながら原動機付自転車の発達・普及に伴って原動機付自転車の保有車両数や人身事故が増大したため、昭和41年の法改正で新たに原動機付自転車が自賠法の適用対象に加えられたという経緯があります。

自転車も最近では人身事故の増大が社会的に問題とされています。そのような状況からすれば、自転車も自賠法の適用対象とするかどうか、強制保険の創設を含めて、将来の課題として検討する必要があるのかもしれません。

（柄澤昌樹）

17

子どもの損害賠償責任

Q 自転車事故で子どもが加害者になっても、子どもは損害賠償責任を負わないと考えてよいでしょうか。また、子どもは何歳ぐらいまで損害賠償責任を負わないのでしょうか。

1　子どもに責任能力がない場合

　民法712条は「責任能力」という条文見出しで「未成年者は、他人に損害を加えた場合において、自己の行為の責任を弁識するに足りる知能を備えていなかったときは、その行為について賠償の責任を負わない。」と規定しています。したがって、自転車事故で子どもが加害者になったとしても、子どもに責任能力がない場合（自己の行為の責任を弁識するに足りる知能を備えていなかったとき）には、子どもは民法709条の損害賠償責任を負わないことになります。

　けれども、子どもの起こした自転車事故について子どもに責任能力がない場合に、誰も損害賠償責任を負わない、という結論にはなりません。民法714条1項本文は「前2条の規定により責任無能力者がその責任を負わない場合において、その責任無能力者を監督する法定の義務を負う者は、その責任無能力者が第三者に加えた損害を賠償する責任を負う。」と規定しています。未成年者については親権者が子どもを「監督する法定の義務」を負いますから（民820条）、自転車事故で加害者になった子どもに責任能力がない場合、民法714条1項本文により子どもの親が損害賠償責任を負うことになるのです。

　このような監督義務者には、親権者（同820条）だけでなく、親権代行者（同833条、867条）、未成年後見人（同857条）、監護者（同766条）、親権者及び後見人を有しない児童福祉施設に入所中の児童については当該施設の長（児童福祉法47条）といった法定の監督義務者と、保育所あるいは保育士の

ように「監督義務者に代わって責任無能力者を監督する者」(代理監督義務者。民714条2項) があります。

　もっとも民法714条1項は「ただし、監督義務者がその義務を怠らなかったとき、又はその義務を怠らなくても損害が生ずべきであったときは、この限りでない。」と規定しています。したがって、子どもに責任能力がない場合であっても、親は監督義務を怠らなかったこと(無過失)を証明すれば損害賠償責任を免れることができます。しかし民法714条1項の監督義務者の過失は責任無能力者の監督を怠ったという一般的な過失で足りると解されています。親権に基づき生活全般にわたって子どもを監督すべき親が監督義務を一般的・日常的に怠らなかったことを証明するのは容易なことではありません。実際にも自転車事故で加害者になった子どもに責任能力がない場合において、民法714条1項ただし書を適用して親の損害賠償責任を免責した裁判例は公刊されている裁判例集を調べた限りでは見あたりません。自転車事故で民法714条1項ただし書の免責の主張を排斥し、同項本文に基づいて加害運転者である子どもの親に損害賠償責任を認めたものとしては【東京地判昭和52・12・20交民10巻6号1775頁】【大阪地判昭和60・1・29交民18巻1号160頁】などがあります。

　なお、平成25年7月1日から施行された「東京都自転車の安全で適正な利用の促進に関する条例」は、自転車利用者が関係法令を遵守し、安全で適正に利用する責務を明文化するとともに(同条例5条)父母その他の保護者は、18才未満の子に対し、自転車の安全で適正な利用に必要な技能及び知識を習得させるよう努めるべきものとしました(同条例15条)。この義務は努力義務にすぎませんが、今後の親の責任についての判断に影響を与える可能性は否定できません。

2　子どもに責任能力がある場合

　責任能力のある子どもが自転車事故で他人に損害を加えた場合には、子ども自身が民法709条により損害賠償責任を負うことになります。この場合、子どもの親に民法714条1項の監督義務者の責任が発生する余地はありません。

　しかし、加害者である子どもには、賠償責任を果たせるだけの資力がある

ことはほとんどありません。その場合、被害者は被害救済を受けることが困難となってしまいます。

そこで子どもに責任能力がある場合であっても、民法709条に基づき子どもの親に損害賠償責任が認められないかどうかが問題となります［⇒Q18］。

3　子どもに責任能力があるかどうかの判断基準

子どもに責任能力があるかどうかは、どのような基準によって判断されるのでしょうか。

年齢によって画一的に決まるものではないが、通常の不法行為であれば小学校を終える程度の年齢になれば責任能力があると考えてよい、と一般に言われています。自転車事故の裁判例でも概ね「小学校を終える程度の年齢」に達しているかどうかで子どもの責任能力の有無が判断されているようです。すなわち加害運転者である子どもの年齢が13歳以上の中学生の場合には責任能力を肯定し、12歳以下の小学生の場合には責任能力を否定する傾向にあるようです。ただし14歳の中学3年生の子どもの責任能力を否定した【東京地判昭和37・11・2判時324号26頁】や、12歳の小学6年生の責任能力を肯定した【東京地判平成22・9・14自保ジ1836号55頁】もあります。

4　子どもの責任能力の有無が微妙な場合

子どもの責任能力の有無の判断は困難な問題です。実務上、未成年者が加害者である自転車事故の場合、被害者側としては誰に対して損害賠償請求をするのか、特に訴えを提起する場合に誰を被告として訴訟提起するかをあらかじめ十分に検討しておく必要があります。

例えば、加害者である子どもは責任無能力者だと判断して被害者が両親を被告として民法714条の監督義務者の責任を求める訴えを提起したとします。子どもには資力がないので、資力のある両親だけを訴えたわけです。けれども両親は子どもに責任能力があるとして、民法714条の責任を争ったとします。このような場合に、裁判所が子どもは責任無能力者だと判断してくれればよいのですが、子どもに責任能力があるとして請求を棄却する判決が出てしまったらどうなるでしょうか。判決が出た時点で自転車事故から3年

を経過していたら、損害賠償請求権は時効消滅する可能性があるので（民724条）、被害者は新たに子どもを被告として民法709条の責任を求める訴えを提起できません。

　反対に、まず民法709条の責任を求めて加害者である子どもを被告として提訴し、その後に民法714条の責任を求めてその両親を被告として提訴し、2つの訴えが併合審理された裁判例もあります【岡山地笠岡支判昭和59・9・5交民17巻5号1234頁】。おそらく訴訟の途中で裁判官から子どもの責任能力を否定する心証を開示された原告が、慌てて別訴を提起したのではないかと思われます。

　このような不都合を回避するためには、どうすればよいのでしょうか。子どもの責任能力の有無が微妙な事案、特に子どもの年齢が11～14歳である場合には、民法709条の責任を求めて子どもを被告とする訴えと、民法714条の責任を求めて両親を被告とする訴えを単純併合・通常共同訴訟として提訴する方法（この場合同時審判の申出もできる。民訴41条）で、子どもと両親の双方を最初から訴える工夫をする必要があるでしょう。

（柄澤昌樹）

18

親の損害賠償責任

Q 私の母親は歩道を歩いていたところ、高校生が乗っていた自転車に追突され入院してしまいました。事故後はその高校生の父親と交渉していましたが、最近になって父親は「親には損害賠償責任はない」などと言い出しました。どうすればよいでしょうか。

1 未成年者に責任能力がある場合の親の責任

　未成年者が自転車事故により他人に損害を加えた場合、誰が責任を負うのでしょうか。未成年者に責任能力がなければ民法714条1項により親などの監督義務者が損害賠償責任を負います[⇒Q17の 1]。これに対して、未成年者に責任能力があれば、民法709条により未成年者本人が損害賠償責任を負います。未成年者に責任能力がある場合には、親が民法714条1項の責任を負うことはありません。

　それでは未成年者に責任能力がある場合には、親が損害賠償責任を負うことは全く無いのでしょうか。【最判昭和49・3・22民集28巻2号347頁】は「未成年者が責任能力を有する場合であっても監督義務者の義務違反と当該未成年者の不法行為によって生じた結果との間に相当因果関係を認めうるときは、監督義務者につき民法709条に基づく不法行為が成立するものと解するのが相当であって、民法714条の規定が右解釈の妨げとなるものではない。」と判示しています。

　親に民法709条に基づく不法行為が成立する場合、親の民法709条による損害賠償責任と未成年者の民法709条による損害賠償責任とは、共同不法行為（不真正連帯債務）の関係に立つと解されています。

2　親の民法709条の責任に関する判例

　本問の場合は自転車を運転していたのは高校生ですから、責任能力があると判断されるでしょう [⇒Q17の 3]。しかしながら高校生（未成年者）に責任能力が認められても、その高校生には賠償資力がないのが一般です。そこで被害者は前記 1 の判例に従って、その高校生の親に対して民法709条に基づき損害賠償を請求できないかを検討する必要があります。この場合、①親に監督義務違反が認められること、②監督義務違反と高校生の起こした自転車事故との間に相当因果関係が認められることの2点を主張・立証することが必要となります。

　実際にも未成年者による自転車加害事故において、親を被告として民法709条に基づいて損害賠償請求訴訟を提起する事例は少なくありません。このような事例で裁判例の傾向はどうなっているでしょうか。親につき民法709条の責任を肯定する裁判例としては、加害運転者が12歳と比較的低年齢である【東京地判平成22・9・14自保ジ1836号55頁】や、子が高速度で自転車を運転する危険を親が知りながら放任していたと指摘する【東京地判平成19・5・15交民40巻3号644頁】があります。

　親につき民法709条の責任を否定した裁判例としては、過去の事故歴や問題行動もなく普通の生徒であったことを指摘する【東京地判昭和58・4・28交民16巻2号585頁】や、事故歴もなく、従来の日常生活においても格別問題行動等は見られなかったことを指摘する【名古屋地判平成14・9・27交民35巻5号1290頁】があります。民法709条の責任を否定する裁判例の中には、親の監督義務違反を基礎づける事実の具体的な主張・立証がなかった事案も見られます。

　実際の訴訟では、親の監督義務違反を基礎づける事実につき、いかに具体的に主張・立証を行うかが重要なポイントでしょう。自動車事故に関するものですが、①親が子の危険な運転を現認しているのに注意しなかった（現認型）、②事故を起こす蓋然性の高い事故歴等があるのに親が子の運転を禁止しなかった（前歴型）、③運転に支障を及ぼす子の体調不良等の状態を親が看過し運転を差し止めなかった（体調不良認識型）の3類型のいずれかに該当すれば、親の監督義務違反と子の事故との因果関係を積極的に解すべきと

の見解があります。被害者側としては実務上、このような見解を参考にしながら、監督義務違反を基礎づける具体的な事実につき主張・立証していく工夫が必要でしょう。

なお、平成25年7月1日から施行された「東京都自転車の安全で適正な利用の促進に関する条例」では、父母等の保護者が18才未満の子に対し、自転車の安全で適正な利用を教育すべき努力義務が課されました。このような条例の義務が存在する場合には、これを指摘することも考えられます。

3 親の契約責任（債務引受や保証）

本問の場合、「事故後はその高校生の父親と交渉していた」というのですから、被害者側としては後になって父親から「親には損害賠償責任はない」と言われても納得できないでしょう。実際にも親に対して契約責任に基づき訴えを提起する事案があります。親の契約責任としては、重畳的債務引受や連帯保証の法的構成をするのが一般です。

裁判例でも親に重畳的債務引受を認めた【東京地判平成元・5・26公刊物未登載】や親に連帯保証を認めた【大阪地判平成8・10・22交民29巻5号1522頁】があります。いずれの裁判例も親が念書・合意書を作成していた事案です。親が書面を作成していない場合には、民法446条2項で保証契約は書面によらなければ効力が生じないとされたこともあり、親の契約責任は否定される傾向になるでしょう。

他方、前記の【名古屋地判平成14・9・27交民35巻5号1290頁】は、父親により誓約書が作成されていた事案で連帯保証の有無が争われましたが、賠償責任を保証する旨の記載がないことや署名押印が父親個人の資格ではなく子の保護者の資格で行われていることを理由に、連帯保証が否定されています。加害者の親に書面を作成してもらう場合には、その内容について十分に注意する必要があるでしょう。

（柄澤昌樹）

19

代理監督者の損害賠償責任

Q 幼稚園・保育園が子どもを預かっているときに、子どもが自転車に乗って事故を起こして他人にけがをさせてしまいました。このような場合、幼稚園・保育園は損害賠償責任を負うのでしょうか。

1 民法714条2項の代理監督者の責任

民法714条2項は「監督義務者に代わって責任無能力者を監督する者も、前項の責任を負う。」と規定しています。「監督義務者に代わって責任無能力者を監督する者」を「代理監督者」といいます。責任能力のない未成年者が起こした事故につき「代理監督者」は親権者等の「監督義務者」と同様に民法714条1項の責任を負います。「代理監督者」も民法714条1項ただし書の無過失の証明ができない限り、責任能力のない未成年者が第三者に加えた損害を賠償する責任を負うことになるのです。

2 代理監督者とは

本問の場合、自転車事故を起こしたのは幼稚園・保育園に通っている子どもですから責任能力がないと判断されるでしょう。したがって、民法714条2項の「代理監督者」の責任が問題となります。

幼稚園・保育園が子どもを預かっているときには誰が「代理監督者」となるのでしょうか。①園長や直接子どもの監督にあたっている職員などの個人が「代理監督者」だという説と、②幼稚園・保育園などの施設自体が「代理監督者」だという説があります。②説は、監督義務を負っているのは施設であること、個人に過大な職業上の義務を負わせるべきではないことを根拠としています。

②説によれば被害者は民法714条2項により幼稚園・保育園などの施設自

体を相手方として損害賠償を請求できることになります。自転車事故の事案ではありませんが、【札幌地判平成元・9・28判時1347号81頁】は②説を採用して幼稚園を経営する学校法人に「代理監督者」の責任を認めています。

もっとも①説に立っても、園長や職員などの個人に過失があると認められる場合には幼稚園・保育園などの施設は民法715条に基づき使用者責任を負うと解することができます。この解釈によれば、被害者は民法714条2項に基づき園長や職員などの個人（代理監督者）を相手方として損害賠償を請求できるほか、民法715条に基づき幼稚園・保育園（使用者）を相手方として損害賠償を請求できます。そうだとすれば、施設の責任を問えるという点では①説も②説も実質的に大きな違いはないでしょう。

3 代理監督者の責任の範囲

幼稚園・保育園のような「代理監督者」の場合は、親権者のような「監督義務者」と異なり、幼稚園・保育園での生活という限定された場面における監督です。したがって「代理監督者」の監督義務の範囲も、幼稚園・保育園での生活場面及びそれと密接に関連する生活場面に限られると考えられます。もっとも「代理監督者」であっても、幼稚園・保育園での生活場面等の範囲内では子どもの生活関係全般にわたって監督義務を負っているため、民法714条1項ただし書の無過失の証明は必ずしも容易ではありません。

本問の場合には、幼稚園・保育園が子どもを預かっているときに子どもが自転車に乗って事故を起こしたというのですから、「代理監督者」の監督義務の範囲内であることは明らかでしょう。子どもの自転車利用が全く予期できなかったというような特別な事情がない限り、幼稚園・保育園側が監督義務を怠らなかった（無過失）として「代理監督者」の責任を免れるのは難しいと思われます。

なお、平成25年7月1日から施行された「東京都自転車の安全で適正な利用の促進に関する条例」では、児童（18才未満の者をいう）の教育、育成に携わる者に対し、自転車利用につき指導、助言その他必要な措置を講じる努力義務が課されており、このような条例が増えていくものと思われます。

4 親の責任との関係

　民法714条1項の「監督義務者」は、同条2項の「代理監督者」に責任がある場合であっても、自分の監督義務を怠らなかったこと（無過失）を証明できない限り責任を免れることはできません。実際にも、伯母に預けた14歳の中学生が自転車事故を起こした事案につき「代理監督者をおいたというだけで親権者の法定の監督責任が免脱されるとはとうてい考えられない」と判示した【東京地判昭和37・11・2判時324号26頁】があります。本問の場合も、親は子どもに対し親権に基づく一般的な監督義務を負っていますから、親が監督義務を怠らなかったことを証明して責任を免れるのは難しいでしょう。

　なお、民法714条1項の「監督義務者」の責任と同条2項の「代理監督者」の責任とが併存する場合、両者は共同不法行為（不真正連帯）の関係に立つと解されています。この場合、賠償金を支払った「監督義務者」は「代理監督者」に対して契約又は事務管理の債務不履行責任を追及することによって実質上の求償ができるという見解もあります。

（柄澤昌樹）

20 学校の損害賠償責任

Q 私は校外授業中に自転車に乗って遊んでいた高校生にぶつけられてけがをしました。私は学校に対して損害賠償請求ができますか。
その高校生が学校を無断で抜け出し自転車に乗って事故を起こした場合であったとしたら、どうでしょうか。また、その高校生が学校へ自転車で通学する途中で事故を起こした場合であったとしたら、どうですか。

1 民法714条2項と学校の責任

　加害者が責任無能力者であった場合、代理監督者は民法714条2項の責任を負います［⇒Q19］。したがって学校側は、責任無能力者である生徒が学校教育の過程において起こした事故につき代理監督者の責任を負うことになります。例えば小学校低学年の生徒が自転車事故の加害者であったような場合には、その事故が学校教育の過程で発生したのであれば、民法714条1項ただし書により監督義務を怠らなかったこと（無過失）を証明できない限り、学校側は代理監督者として損害賠償責任を負います。
　しかしながら本問の場合、加害者は高校生であるため、特別の事情がない限り加害者には責任能力があったと認定されるでしょう。加害者に責任能力がある場合、学校側が代理監督者として民法714条2項の責任を負うことはありません。したがって本問の場合には、自転車を運転していた高校生が民法709条により損害賠償責任を負うことになり、高校側が民法714条2項の責任を負うことはありません。

2 民法709条の責任

　もっとも、高校生の自転車事故につき高校の教師や校長に民法709条の

「過失」が認定できる場合には、教師や校長に対して民法709条の損害賠償責任を問うことができます。どのような場合に教師や校長に民法709条の「過失」が認定できるのでしょうか。

一般に民法709条の「過失」とは、結果の発生を予見することができた（予見可能性）のにこれを回避する義務（回避義務）を怠ったことを意味する、と説明されています。したがって民法709条の「過失」を認定するためには、教師や校長が高校生の自転車事故につき予見することが可能であり（予見可能性）、これを回避することが可能であったこと（回避可能性）が必要です。教師や校長が予見することができた（予見可能性）のに事故を回避する義務（回避義務）を怠ったと認められる場合に、民法709条の「過失」があると判断されることになります。

高校の教師や校長に民法709条の「過失」を認定することができれば、被害者としては教師や校長個人に民法709条の責任に基づき損害賠償を請求できるほか、高校を設立・運営する学校法人等にも民法715条の使用者責任に基づき損害賠償を請求できます。

3 国公立学校の場合

国公立学校の場合には、その教育作用が国家賠償法1条1項の公権力作用と認められるかどうか議論があるところです。この点につき【最判昭和62・2・6判時1232号100頁】は積極説を採用しています。したがって、本問の高校生が国公立学校の学生であった場合には、民法715条1項ではなく国家賠償法1条1項に基づいて高校を設置している国又は公共団体を相手方として損害賠償を請求することになります。この場合、高校の教師や校長個人が直接被害者に対して責任を負うことはありません（国賠1条2項参照）。

しかしながら、国家賠償法1条1項も公務員の「過失」を要件としています。ですから本問の高校生が国公立学校の学生の場合であっても、前記 2 と同様に高校の教師や校長の予見可能性と回避可能性（回避義務）を検討する必要があります。

4　校外授業中の事故

　学校の責任を肯定した裁判例として【千葉地判平成元・2・28交民22巻1号239頁】があります。この判決は、自転車の乗り入れが禁止されている公園内で美術の校外授業中の県立高校の高校生が写生に飽きて自転車に乗って遊んでいたところ、その自転車を公園内を歩いていた被害者に誤って衝突させ死亡させたという事案です。被害者の遺族は、加害者である高校生と高校設置者である県とを被告として提訴しました。

　判決は、まず担当教師の予見可能性について①校外授業は生徒にとって拘束性が緩やかで解放感の強い授業形態であること、②校外授業に自転車の使用が許可されていたこと、③校外授業の進行状況が悪かったこと、④生徒の年齢・学年から教師の目の届かないところで授業に専念しないで遊興することは十分に予想し得ること等を指摘して、自転車事故を予見し得たと判断しました。

　また判決は、担当教師の回避義務について①公園内に自転車を乗り入れないように指導し、②授業時間中に自転車に乗って遊んだりすることのないように十分な注意を与え、③適宜巡回するなどして行動の把握に努め、そのようなことを発見したときは直ちに中止させる等の事故発生を事前に防止する措置をとるべき義務があったと判断しました。

　そして判決は、担当教師につき「生徒らの安全に関する注意を与えたにとどまり、それ以上にこのような行動に関する注意や巡回監視等生徒らの行動把握に関する措置をとらなかったから、この点について過失があった」と判断し、千葉県に国家賠償法1条1項による損害賠償責任を認めました。

5　学校を無断で抜け出し事故を起こした場合

　学校の責任を否定した裁判例として【東京地判平成7・2・2交民28巻1号167頁】があります。この判決は、都立高校の高校生が学園祭の準備のために必要な物を買うために学校を無断で自転車に乗って抜け出した際に起きた事故につき、被害者が東京都を被告として提訴した事案です。

　判決は「生徒が授業時間内に無断で、他人の自転車を借り受けて外出し、しかも、二人乗りまでしていたという二重三重の禁止行為を行った」と認定

しましたが、学校長や担任教師は「自転車通学に関する一般的指導等を十分に行っていたと評価することができ」ると判断した上で「一般的指導等を越えて何らかの特別な措置を講じる義務があったと認めるべき特段の事情が認められない限り、右学校長及び担任教諭には、過失がないというべきである」と判示しました。そして判決は、①担任教師は生徒の無断外出を職員会議等で注意されたことはなく以前に高校で自転車事故があったと聞いたこともなく、②担任教師は生徒の外出を予想できず、③事故を起こした生徒は特に問題のある生徒とは認識されていなかったのであるから、「特段の事情は何ら窺えない」と判断し学校長や担任教師の過失を否定しました。

原告は回避義務について「高校では登校後の自転車での外出を禁止されている以上、学校長には、自転車の鍵を保管したり、自転車置場の出入口を閉鎖する等の方法によって、物理的に自転車の使用ができないようにすべき」と主張しました。しかし判決は「高等学校教育は、義務教育終了後の段階にあって生徒自身の主体的な自覚を前提として行われるものであり、適切に自転車を使用すれば、その利用自体に危険は少ないことを勘案すると、学校長に生徒の所有物を物理的に拘束する右義務まであったと解することはでき」ないとして原告の主張を排斥しました。

もっともこの判決は、被害者が加害者である高校生との間で損害賠償調停を成立させ賠償金の支払いを受けた後に改めて高校を設置する東京都を被告として損害賠償請求訴訟を提起したという事案ですから、どこまで一般化できるか疑問がないわけではありません。

6 通学時の事故

高校生が学校への行き帰りに自転車で通学する途中で起こした事故について、学校は損害賠償責任を負うのでしょうか。

高校生の自転車通学中の事故は、一見すると会社員の自転車通勤中の事故［⇒Q 21、22］と類似しているようにも思われますが、学校と高校生とは「使用者」と「被用者」との関係にはありませんので、高校生の自転車通学中の事故に民法715条を直接適用することはできません。

したがって高校生の自転車通学中の事故については、これまで説明したように民法709条が問題となります。すなわち、被害者としては、教師や校長

が通学中の高校生に対する監督義務を負うこと、この監督義務違反と事故との間に相当因果関係が存することを主張立証する必要があります。

そして、この監督義務が認められるためには、少なくとも高校生の自転車通学中の事故を予見することができた（予見可能性）のにこれを回避する義務（回避義務）を怠ったと認められることが必要です。

それでは、まず第1に自転車通学中の事故につき「予見可能性」の判断のポイントはどこにあるのでしょうか。

この点、その高校で自転車通学が許可されていたかどうか、教師や校長がそれまでに自転車通学中の事故があったと聞いたことがあったかどうか等が「予見可能性」の重要な判断要素となります。その高校では自転車通学が禁止されていた上、教師や校長がそれまでに自転車通学中の事故があったと聞いたことがなかったというのであれば、高校生の自転車通学中の事故を予見することは困難であるという判断になるでしょう。

第2に、自転車通学中の事故を回避する義務（回避義務）についての判断のポイントはどこにあるのでしょうか。

前記 5 の判決の事案では、その都立高校は自転車通学を希望する高校生に対して、一定の区域を決めた上で保護者の押印した通学届を提出させることにより自転車通学を認めていました。この判決は、都立高校では①「新入生のために」と題するしおりを配布し、その中で交通ルールの遵守等を強調し、自転車通学をする者に対し交通規則の遵守等を指導していたこと、②「自転車通学についての注意」と題するプリント等を年に数回配布していたこと、③学校放送及び集会を通じて、交通ルールの遵守、二人乗りの禁止等の指導を行っていたこと、④交通安全について警察署による指導を受け、積極的に春及び秋の交通安全運動等に警察と協力して取り組んでいたこと等の事実から、教師や校長が「自転車通学に関する一般的指導等を十分に行っていた」と判断しています。

したがって、このような事実関係であれば、たとえ予見可能性が肯定されたとしても、教師や校長は自転車通学中の事故を回避する義務（回避義務）を尽くしていたと判断され、被害者としては自転車通学中の事故につき学校に対して損害賠償を請求することはできないという結論になるのではないかと思われます。

（柄澤昌樹）

21

使用者責任の成立要件

Q 当社では、地球温暖化対策のため、できる限り自転車で通勤するように推奨し、自転車置き場も拡充したところです。ところが、通勤にあたり、歩道をスピードを出して自転車で走行していた従業員Ａが、歩行中の歩行者Ｂさんの背後から衝突してしまい、歩行者は通院６か月の後、頚部痛や腕のしびれ等の後遺症を残す被害となってしまいました。当社はＢさんに対して法的責任を負うのでしょうか。

1　自転車通勤と使用者責任

　従業員ＡがＢを負傷させている場合に、従業員Ａを使用する会社の責任に関しては、民法715条1項は「ある事業のために他人を使用する者は、被用者がその事業の執行について第三者に加えた損害を賠償する責任を負う。ただし、使用者が被用者の選任及びその事業の監督について相当の注意をしたとき、又は相当の注意をしても損害が生ずべきであったときは、この限りではない。」と定めています（使用者責任）。使用者はその支配権内にある者を自己の利益のために事務を処理させるのであるから、被用者の活動によって他人に与えた損害については、使用者にも責任を負わせるのが公平であるという趣旨に基づく規定です。

　Ａは会社の従業員であり、自転車通勤を奨励していることから、会社がこの使用者責任を負う場合にあたるのかが問題になります。

2　使用者責任成立の要件

　使用者責任の成立要件は、①被用者の不法行為責任、②使用関係、③業務執行性です。順次見ていきます。

(1) 被用者の不法行為責任

使用者責任の要件の1つめとして、被用者（本件での従業員A）に不法行為責任を負うための全要件を満たしている必要があります。この要件の要否については議論がありますが、判例は必要としています。

民法709条は「故意又は過失によって他人の権利又は法律上保護される利益を侵害した者は、これによって生じた損害を賠償する責任を負う。」と定めており、不法行為により、被用者が責任を負う要件は、①被用者の故意又は過失、②他人の権利又は法律上の利益の侵害、③相当因果関係、④損害の発生があることとされます。そして、争いはありますが、行為者には責任能力が必要と解されています（民712条）[⇒Q 17、19]。

設問の事案では、従業員Aが、自転車で歩道をスピードを出して走行していたところ、歩行中の歩行者Bさんの背後から衝突したということですが、自転車は車道走行が原則であり（道交17条1項本文）、例外的に歩道を走行できる場合があるものの（同63条の4第1項）、その場合には徐行しなければならず、また自転車の進行が歩行者の通行を妨げることとなるときは、一時停止しなければなりません（同63条の4第2項）。歩道をスピードを上げて走行して歩行者に衝突したAには、過失と違法性は優に認められ、その結果、歩行者には通院6か月の後、頸部痛や腕のしびれの後遺症を負うなどの損害が発生していますので、Aに不法行為責任が認められることには異論は少ないと思われます。

(2) 使用関係

「事業」とは広く仕事というほどの意味に解されており、事実的、法律的、継続的、一時的、営利の有無等を問いません。そのために「使用する」とは、雇用等の労働関係に限らず、委任や請負なども含み、直接的又は間接的な指揮命令監督関係がある場合には、使用関係が認められます【大判大正6・2・22民録23輯212頁】。

本件では、Aは会社の従業員というのですから、正社員かアルバイトか等を問わず、会社と使用関係が認められることに争いはないと思われます。

(3) 業務執行性

使用者は、被用者が使用者の「業務の執行について」なした不法行為について、責任を負うことになります。この点、判例は、実際の業務執行はない

場合であっても、行為の外形を基準に業務執行性を認めています（外形標準説。社用車の私用運転に関する【最判昭和37・11・8民集16巻11号2255頁】など。）。

　本件では、事故は、業務時間中ではなく、通勤途中であり、貴社は自転車通勤を奨励し、自転車置き場も拡充してきたとのことですが、業務執行性については、議論の余地がありそうです。

　この点、下級審判決ではありますが、【広島高松江支判平成14・10・30判タ1131号179頁】は、「加害者の本件事故当時の本件自転車の運転行為が被用者である会社の職務執行行為そのものに属するものでないのはもちろん、その行為の外形からみても会社の職務の範囲内の行為と認めることもでき」ないとして、業務執行性を否定し、また、「本件事故が、加害者のいつもの通勤コース途上で起きた出来事であること、会社が、本件事故当時、自転車通勤者のために駐輪場を確保し、自転車通勤であっても、自宅から会社までの距離が4kmを超える場合はバス代相当の手当を支給していたこと、会社が、定期的にチラシを配布するなどして従業員の交通安全意識の涵養を図っていたこと等の事実を考慮しても同判断を左右するものとはいえない（上告審では上告不受理・上告棄却）。」として、会社の使用者責任を否定しています。この判決では加害者は、単に自己の個人的な便宜のために本件自転車を通勤の手段として利用していたに過ぎず、同自転車を日常的に会社の業務として使用していたわけではないこと、会社も従業員が本件自転車を日常的に業務に使用することを容認、助長していたわけでもないことに着目して、業務執行性を否定したものといえます。

　また、【大阪地判平成19・3・28自保ジ1723号13頁】は、外国語学校の教師が休憩時間中に自転車事故の加害者となった事案について、「本件時間帯には、本件業務は実施されておらず、加害者を含めた講師らが、本件時間帯に何をして過ごすかは各自の意思に任されており、会社は何ら関与していなかったことが認められる。」「会社が外国人講師らに宛てた手紙の中で、本件時間帯に外出しないよう記載していることが認められるが」「本件時間帯の過ごし方は各講師の意思に委ねられており、会社への報告も全く必要とされていなかったこと、実際に講師らの半数以上は、本件時間帯に外出していることからすれば、かかる記載は、本件時間帯に講師が外出して犯罪被害に遭

うことのないよう注意喚起を行ったもので、従業員である各講師らを何ら拘束するものではないと解するのが相当である。」等として、「この間に自宅に帰宅したとしても、一般的な通勤のように、業務と密接不可分な関係にあることは認め難い。」等として、業務執行性を否定しています。

　本件の場合、通勤途中の事案ですので、業務との関係は否定できないところですが、通勤は業務自体ではないこと、自転車通勤を奨励し、自転車置き場を拡充してきたとの事情はあるものの、それだけでは、外形からみても、業務執行性が認めづらいとされることが多いと思われます。ただし、個人の自転車であっても、出勤後業務時間中には、配達や出先への移動など会社での仕事のために使わせていた場合にそれを会社も容認していたような事情があるときなどでは、外形からは会社の業務のようにも見えるといえる可能性があると思われます。その場合には、判例の外形標準説の下では業務執行性が認められ、会社が使用者責任を負う場合があることもあるでしょう。

　なお、東京都では、平成25年7月1日に「東京都自転車の安全で適正な利用の促進に関する条例」が施行され、就業規則その他これに準じるものにより自転車通勤を禁止している事業者を除く事業者（以下「特定事業者」という）には、自転車を利用して通勤する従業員が自転車を安全で適正に利用することができるよう、研修の実施、情報の提供その他の必要な措置を講じるように努力する義務が課されました（同条例14条）。このような条例の存在が、使用者責任の成否に影響を及ぼすかどうかは不明ですが、使用者は、自転車通勤をする従業員に対し、ルール遵守をこれまで以上によく指導することが求められることになったといえるでしょう。

（伊豆隆義）

22

使用者責任を負う範囲

Q 当社は、自転車通勤については、推奨はせず、自転車置き場もありません。ところが、社員やアルバイトは勝手に通勤に自転車を使っています。当社としては、これを禁止まではしていません。このような場合に、Ｑ21のように、従業員が自転車事故を起こし、歩行者に被害が生じた場合に、当社は被害者に対して法的責任を負うことがありますか。就業規則で禁止していた場合はどうでしょうか。

1　自転車通勤と使用者責任

　自転車通勤中の事故について、会社が使用者責任（民715条１項）を負う場合の要件については、[⇒Q21]を参考にしてください。本問では、自転車通勤を奨励はしておらず、会社敷地内の自転車置き場も設置していない点が、Ｑ21と異なります。また後段では就業規則で明示的に禁止しており、自転車出勤が就業規則違反になる点が異なります。

2　業務執行性の要件

　Ｑ21で述べたとおり、使用者が使用者責任を負うのは、被用者が使用者の「業務の執行について」なした不法行為に限られます。判例は、実際の業務執行がない場合でも、行為の外形を基準に業務執行性を認めることもＱ21で述べたとおりです（外形標準説）。まず、業務執行要件に関する判例を確認します。
(1)　業務執行要件に関する判例の概観
①　取引的不法行為の例
　判例は、取引的不法行為も、使用者の事業の執行から直接に生じたもののみならず、行為の外形から観察して、あたかも職務の範囲内の行為に属する

ものをも包含することを明らかにしています(外形標準説)【最判昭和40・11・30日民集19巻8号2049頁、判タ185号92頁】。

② 社有自動車の私用運転の例

そして、判例は、取引的不法行為のみならず、交通事故のような事実的不法行為についても、かねてから外形標準説をとってきました。例えば、社用車等の私用運転に関して、「本件自動車は、たとえ加害者の専用するものではなく、また会社には勤務時間の定めがあって、加害者が本件自動車を使用したのは右勤務時間後のことであり、その使用の目的もまた原判示の如き恣意的なものであつたとしても、それらはただ会社と加害者との間の内部関係に過ぎないのであって、外形的にこれをみれば、加害者の本件自動車運転は、会社の運転手としての職務行為の範囲に属するものとして、同会社の事業の執行と認めることの妨げとなるものではない。」等として、使用者責任を認めています【最判昭和37・11・8民集16巻11号2255頁】。【最判昭和30・12・22民集9巻14号2047頁】も同様です。

③ 運転担当でない者の社有自動車運転の例

【最判昭和30・12・22民集9巻14号2047頁】は、運転手の私用運転の例でしたが、運転資格のないタクシー会社従業員が、運転技術修得のため他の場所で同会社の営業用自動車を使って運転中の交通事故による損害についても、同様に、損害は同会社の「事業ノ執行ニ付キ」生ぜしめたものと解すべきであるとしています【最判昭和34・4・23民集13巻4号532頁】。

④ 通勤帰宅途中の自動車事故の例

本件の事案は、通勤に自転車を使う例です。通勤帰宅途中の事故については自動車事故の裁判例が数多く出されていますので検討してみます。

㋐ 肯定例

【東京地判昭和52・5・31判時874号56】は、車両持ち込みの運転手の帰宅途中の事故について、客観的外形的にみて、会社の事業の執行につき生じたものと解するのが相当として、外形標準説により、会社の使用者責任を肯定しました。

【福岡地飯塚支判平成10・8・5判タ1015号207頁】は、マイカー通勤の事故について、通勤を、業務に従事するための前提となる準備行為とし、業務に密接に関連するものということができるとして、使用者としては「マイカー

通勤者に対して、普段から安全運転に努めるよう指導・教育するとともに、万一交通事故を起こしたときに備えて十分な保険契約を締結しているか否かを点検指導するなど、特別な留意をすることが必要である。」等として「通勤を本来の業務と区別する実質的な意義は乏しく、むしろ原則として業務の一部を構成するものと捉えるべきが相当である。」として、業務執行要件を認めました。

また、会社から当該車両を営業用車両としてほぼ専用で使用することを許され、私的に使用することも事実上許容されていた場合の帰宅途中の事故について「勤務時間終了後、被害者と一緒に酒を飲みに行く途中に生じたものではあるが、被害者は仕事上の付合いのあった者であり、酒の席では仕事に関する話も出ることが予想される状況であったのであるから、本件事故は、会社の事業の執行につき生じたものと解するのが相当である。」として、会社の使用者責任を認めた例があります【岡山地判平成23・2・22判時2114号119頁】。

(イ)　否定例

これらに対し、【最判昭和52・9・22判時867号56頁】は、出張の帰りに自動車事故を起こした事案で、就業規則には自家用自動車の使用を禁止していたにも関わらず、自家用自動車で出張に出かけた点などを捉え「会社が加害者に対し出張について自家用車の利用を許容していたことを認めるべき事情はなく、加害者が出張に際し自家用車を運転したことは、行為の外形から客観的にみても会社の業務の執行に当たるといえない。したがって、出張からの帰途に加害者が自家用車を運転する行為は会社の業務の執行に当たらず、その際の事故について会社は使用者責任を負わない。」としました。

【東京地判平成7・3・7判夕902号150頁】は、会社主催の宴会での飲酒後の運転での交通事故の例で「従業員であった加害者は、右宴会に出席して飲酒し、解散後、直ちに帰宅せず、自車を運転して、会社の同僚とカラオケスナックに向かう途中、本件事故を惹き起こしたこと、加害者の自宅は、勤務先に近く、通勤に車を利用する必要はなかったこと、本件事故当日、被告会社は、右宴会の出席者に対し、会場に車両を運転してこないよう注意を促したことなど」を認め、「会社が主催した宴会の解散後の加害者の運転行為は、もはや業務執行ないしはこれに付随する行為ということはできない」として

会社の責任を否定しました。

⑤　自転車事故の例

　自転車事故に関しては、業務外の行為について外形標準説により責任を肯定したものは見あたらず、例えば、Q21でも紹介した【広島高松江支判平成14・10・30判タ1131号179頁】は、既にみたとおり、「加害者の本件事故当時の本件自転車の運転行為が被用者である会社の職務執行行為そのものに属するものでないのはもちろん、その行為の外形からみても会社の職務の範囲内の行為と認めることもでき」ないとして、会社の使用者責任を否定しています。

　また、【大阪地判平成19・3・28自保ジ1723号13頁】も、外国語学校の教師が休憩時間中に自転車事故の加害者となった事案につき、休憩時間の過ごし方は各講師の意思に委ねられていたことなどから「この間に自宅に帰宅したとしても、一般的な通勤のように、業務と密接不可分な関係にあることは認め難い。」等として、業務執行性を否定しています［⇒Q21］。

(2)　本事案での検討

①　禁止も奨励もしていない場合

　通勤途中であって、業務との密接不可分な関係は否定できない反面、通勤は業務自体ではありません。本事案では、自転車通勤の奨励も禁止もないことから、Q21以上に、外形からみて、業務執行性を認められることは少ないと思われます。もっとも、事実上、業務時間中に会社での仕事のために使わせていた場合や使っていたことを事実上容認していたような場合には、外形からは会社の業務のようにも見えるといえる可能性があり、奨励していなかったとの事情だけでは、業務執行性を否定できないと思われます。

　なお、東京都では、平成25年7月1日に「東京都自転車の安全で適正な利用の促進に関する条例」が施行され、就業規則その他これに準じるものにより自転車通勤を禁止している事業者を除く事業者（以下「特定事業者」という）には、自転車を利用して通勤する従業員が自転車を安全で適正に利用することができるよう、研修の実施、情報の提供その他の必要な措置を講じるように努力する義務が課されました（同条例14条）。

　また、特定事業者は、1か月以上の雇用が見込まれる従業員の通勤における自転車の駐車について、①当該従業者の就業の場所又はその周辺の区域に

おける駐車、②当該従業者の通勤の経路上の駅、バス停留所その他の交通手段（徒歩を含む）を変更する場所又はその周辺の区域における駐車について、当該駐車に必要な場所を確保し、又は従業者が当該駐車に必要な場所を確保していることを確認しなければならないともされています（同条例30条、同条例施行規則5条）。

　このような条例の規定が、使用者責任を肯定する根拠に直ちになるものではありませんが、使用側には、自転車通勤をする従業員に対し、より厳しい指導が求められるようになったといえるでしょう。

② 　就業規則で禁止している場合

　さらに、就業規則で禁止をしている場合には、より一層、業務執行性は認め難くなります。ただし、現実に業務執行の外形があるのかという点が判断要素として重視されると思われますので、就業規則で禁止していても、実態としては、自転車を使っている例や、放任あるいは容認状態の例であると、会社が使用者責任を負う場合はあり得ます。

（伊豆隆義）

23

会社のリスク管理

Q 当社の従業員は、従来から、自動車通勤の者が多いのですが、通勤途中の交通事故により、当社が責任を負う場合があり得ると聞いたこと、駐車場が満車となりお客様に迷惑をかけることから、駐車場の使用を禁止することを検討しています。そうすると、自転車通勤による者が増えることが想定されるのですが、当社としては、リスク管理上、自転車通勤に対してどのように対応したらよいでしょうか。

1 従業員が自転車通勤帰宅中の交通事故での会社の責任

　会社は、従業員加害者の自転車事故の被害者に対し使用者責任（民715条1項）を負う場合があります。使用者責任を負うための要件の1つとして、当該行為が使用者の業務執行を行ったものといえることが必要ですが、業務執行性の有無については、現実の会社業務そのものではなくても、外形から業務執行性を認める考え方（外形標準説）が通説・判例の考え方です［⇒Q21、22］。そこで、外形から業務執行性の有無を判断するための各要素をまず検討し、ついで、リスク管理の観点から、自転車通勤に対してどのように対応すべきかを検討します。

2 自転車通勤について業務執行性の有無を判断するための要素

　この点、自動車についていくつかの裁判例があり、自転車も自動車と危険性・利便性に差異あるものの、車両という点では共通であることから、自動車に関する裁判例も参考にしながら、業務執行性の有無を判断する各要素について検討します。

① 自転車の所有者は誰か
　会社所有の自転車の場合には、業務執行性が認めやすくなると思われます。これに対し、従業員所有であるからといって、業務執行性が否定されるわけではなく、他の要素とあいまって認定されることになります。【最判昭和30・12・22民集9巻14号2047頁】や【最判昭和37・11・8民集16巻11号2255頁】は、社有自動車を私用した場合の事故について、業務執行性を認めています。【岡山地判平成23・2・22判時2114号119頁】も、社有自動車についての業務執行性肯定例といえます。
　しかしながら、使用者の所有かどうかは、必ずしも決定的要素とはいえず、【東京地判昭和52・5・31判時874号56頁】【福岡地飯塚支判平成10・8・5判タ1015号207頁】などは、加害運転者所有の車両の例ですが、他の要素から業務執行性を認めています。また、【神戸地判平成22・5・11交民43巻3号555頁】も、加害者運転者所有の自動車の例ですが、応援先企業に通勤中の事故であることから、業務との関連性を認めるなどして、業務執行性を肯定しています。

② 業務の内容
　自転車を使って営業をしたり、商品を配達したりする業務の場合には、業務外の通勤・帰宅中の事故の場合にも業務執行性を認めやすい重要な要素となると思われます。
　【最判昭和30・12・22民集9巻14号2047頁】や【最判昭和37・11・8民集16巻11号2255頁】【岡山地判平成23・2・22判時2114号119頁】【東京地判昭和52・5・31判時874号56頁】は、加害者が会社の運転手であったり、営業等に車両を利用していた例であり、業務執行性を認めています。
　【最判昭和34・4・23民集13巻4号532頁】は、加害者の業務自体は、自ら運転するものではないのですが、使用者がタクシー会社であり、運転車両も業務車両であったことから、会社の業務自体から、業務執行性を認めやすかったと思われます。

③ 自転車通勤を禁止しているか、推奨しているか
　自転車通勤を禁止している方が、推奨している場合に比べて業務執行性を否定しやすいと思われますが、これも他の要素との関係によって一概にそうだとはいえません。特に、就業規則で禁止はしていても、実態としては、多

くの従業員が自転車通勤をしているような場合、さらにはそれを事実上容認していたようなときには、就業規則による自転車通勤の禁止は、大きな否定要素とはならないといえます。逆に、就業規則に自転車通勤禁止条項がない場合でも、日常的に自転車通勤禁止を指導しており、あるいは、宴会の後などの具体的危険のある場合に、自転車使用を禁ずる指示をするなどしている場合には、業務執行性を否定しやすいと思われます。

【最判昭和52・9・22判時867号56頁】は、就業規則には自家用自動車の使用を禁止していた例で「加害者が出張に際し自家用車を運転したことは、行為の外形から客観的にみても会社の業務の執行に当たるといえない。」としています。

【東京地判平成7・3・7判タ902号150頁】は、会社主催の宴会の出席者に対し、会場に車両を運転してこないよう注意を促したことなどを認め「会社が主催した宴会の解散後の加害者の運転行為」について、業務執行性を否定しています。

しかしながら、【名古屋地判平成23・10・14平成21年（ワ）5232号・同22年（ワ）7060号・同年（ワ）7987号】は、自動車通勤を禁止しているといっても、使用者側が命じていた作業現場が公共交通機関により通勤するのが困難であり、自家用車で通勤するのが業務執行に必要不可欠である等の理由により、業務執行性を認めています。

もっとも【広島高松江支判平成14・10・30判タ1131号179頁】は、「会社が、本件事故当時、自転車通勤者のために駐輪場を確保し、自転車通勤であっても、自宅から会社までの距離が4km を超える場合はバス代相当の手当を支給していた」事案でも、その程度では、自転車通勤を助長しているとは見ず、自転車通勤は個人的便宜にとどまると見て、業務執行性を否定していることが注目されます。

④ 自転車運転に業務と密接な関連性がないか

①ないし③の視点では業務執行性を認めにくい事案であっても、自転車運転が業務と密接な関連がある場合には、業務執行性を認めることになると思われます。

業務執行性を認めた【最判昭和30・12・22民集9巻14号2047頁】【最判昭和37・11・8民集16巻11号2255頁】【岡山地判平成23・2・22判時2114号119頁】

【東京地判昭和52・5・31判時874号56頁】【最判昭和34・4・23民集13巻4号532頁】【名古屋地判平成23・10・14平成21年（ワ）5232号・同22年（ワ）7060号・同年（ワ）7987号】は、いずれも、運転が業務と「密接な関連性」のある事案であるといえます。【福岡地飯塚支判平成10・8・5判タ1015号207頁】もまた、通勤にマイカーを使うことを業務執行の準備行為として、業務執行性を認めています。

　【東京地判平成7・3・7判タ902号150頁】は、業務執行性否定例ですが、業務執行ないしこれに附随する行為といえないことを否定の理由としています。

　【大阪地判平成19・3・28自保ジ1723号13頁】も、外国語学校の教師が休憩時間中の自転車事故の例で、「一般的な通勤のように、業務と密接不可分な関係にあることは認め難い。」等として、業務執行性を否定していることも注目されます。

3　自転車通勤容認の場合のリスクを低減するためには

　以上、主として自動車の事案を中心に、業務執行性の有無の判断要素を見てきましたが、これらからは、従業員が通勤途中で事故の加害者となった場合に、自転車通勤を禁止しているよりも容認している方が、会社所有の自転車を使わせていない場合よりも使わせている方が、業務自体が自転車運転に関連するものでないよりも関連するものである方が、会社に使用者責任を認めやすく、さらに、業務との関連性がない場合とある場合とでは、ある場合の方が使用者責任を認めやすいことがわかります。なお、【広島高松江支判平成14・10・30判タ1131号179頁】の例などからは、駐輪場をつくることが必ずしも会社の責任とは結びつくとは限らないといえます。

　リスク管理の観点からは、自転車通勤も禁止を徹底すべきといえますが、特に、貴社が、日常業務で自転車での営業をするなど、自転車運転を業務と結びつけやすい業態の場合には、より一層、自己の自転車を営業に用いないように徹底し、会社の帰宅途中に自転車で営業先に寄るなどの行為をさせないようにすべきでしょう。

　なお、東京都では、平成25年7月1日に「東京都自転車の安全で適正な利用の促進に関する条例」が施行され、就業規則その他これに準じるものに

より自転車通勤を禁止している事業者を除く事業者（以下「特定事業者」という）には、自転車を利用して通勤する従業員が自転車を安全で適正に利用することができるよう、研修の実施、情報の提供その他の必要な措置を講じるように努力する義務が課されました（同条例14条）。

　また、特定事業者は、1か月以上の雇用が見込まれる従業員の通勤における自転車の駐車について、①当該従業者の就業の場所又はその周辺の区域における駐車、②当該従業者の通勤の経路上の駅、バス停留所その他の交通手段（徒歩を含む）を変更する場所又はその周辺の区域における駐車について、当該駐車に必要な場所を確保し、又は従業者が当該駐車に必要な場所を確保していることを確認しなければならないとされています（同条例30条、同条例施行規則5条）。他の同府県についても、同様の条例ができる可能性がありますので、注意を要します。

（伊豆隆義）

24

国家賠償請求

Q 私は、歩行者として歩道をゆっくりと歩いていたのですが、突如後ろから交番の警察官に追突されけがをしました。私は、この警察官に損害賠償を請求できますか。また、警察官はＡ県警に勤務しているので、Ａ県に損害賠償を請求できるのでしょうか。

1 国家賠償請求とは

「国又は公共団体の公権力の行使に当る公務員が、その職務を行うについて、故意又は過失によつて違法に他人に損害を加えたときは、国又は公共団体が、これを賠償する責に任ずる。」（国賠1条1項。国家賠償責任）とされます。本問の警察官は、地方公共団体の公権力の行使にあたる公務員と考えられることから、加害行為が、公務員の職務執行を行うにあたっての行為であるときは、国家賠償責任が問題となります。

2 国家賠償請求の要件

国家賠償責任が国又は公共団体に生じるための要件は、①権利又は保護される利益の存在、②公権力の行使にあたる、③公務員が、④職務を行うについてなした行為で①を侵害したこと、⑤加害公務員の故意又は過失、⑥加害行為の違法性、⑦損害、⑧加害行為と損害の相当因果関係があることです。順次検討します。

① 権利又は保護される利益の存在

国家賠償法1条1項は、権利・法益侵害要件を明示していませんが、要件と考えるのが妥当でしょう。この要件に関して、反射的利益にすぎないものは、保護される利益にはあたらないとされています。この点、例えば、任意提出した証拠物を捜査機関が廃棄した事案について、【最判平成17・4・21判

は、「犯罪の捜査は、直接的には、国家及び社会の秩序維持という公益を図るために行われるものであって、犯罪の被害者の被侵害利益ないし損害の回復を目的とするものではなく、被害者が捜査によって受ける利益自体は、公益上の見地に立って行われる捜査によって反射的にもたらされる事実上の利益にすぎず、法律上保護される利益ではないというべきである」として、国家賠償請求を認めませんでした。

② 「公権力の行使」

「公権力の行使」の意義については、㋐国又は公共団体の優越的な意思の発動たる作用に限定して解する立場（狭義説）、㋑国又は公共団体の作用のうち、純然たる私経済作用と、国家賠償法２条によって救済される営造物の設置、管理作用を除くすべての作用と解し、非権力的公行政作用もこれに含めるべきであるとする立場（広義説）、㋒「公権力の行使」という文言に特別の意義を認めず、私経済作用をも含む国又は公共団体の一切の作用をもって、本条の対象とする立場（最広義説）の３説があります。現在の通説はこのうち広義説であるとされており、判例（【最判昭和58・2・18民集37巻1号101頁】【最判昭和59・2・9裁判集民141号165頁】【最判昭和62・2・6判時1232号100頁】など）も、広義説に立っているといえます。

③ 公務員

国家公務員法や地方公務員法の「公務員」には限定されず、公権力を行使する権限を委託された者は、公務員に該当するとされています。

④ 職務を行うにあたり（職務行為関連性）

加害行為が職務行為そのものでなくても「客観的にみて職務の概観を備えた行為」も含まれるとするのが通説・判例とされています（外観主義）。例えば、【最判昭和31・11・30民集10巻11号1502頁】は、非番の巡査が、もっぱら自己の利をはかる目的で、制服着用の上、警察官の職務執行をよそおい、被害者に対し不審尋問の上、犯罪の証拠物名義でその所持品を預り、しかも連行の途中、これを不法に領得するため所持の拳銃で同人を射殺したときは、もとより職務行為ではあり得ないのですが、「公務員がその職務を行うについて違法に他人に損害を加えた場合」にあたるとしています。

⑤ 故意又は過失

当該公務員の「故意又は過失」が必要となります。この場合の「過失」と

は、「公務員が職務上要求される注意を欠くこと」と解されています。

⑥ 違法性

　国家賠償法における違法性は、不法行為における「違法性」と異なり、公権力の主体がその行使にあたって遵守すべき職務行為規範ないし職務義務に照らして違法と評価されることとされています。【最判昭和61・2・27民集40巻1号124頁】は、警察官のパトカーによる追跡を受けて車両で逃走する者が惹起した事故により第三者が損害を被った場合において、右追跡行為が国家賠償法1条1項の適用上違法であるというためには、追跡が現行犯逮捕、職務質問等の職務の目的を遂行する上で不必要であるか、又は逃走車両の走行の態様及び道路交通状況等から予測される被害発生の具体的危険性の有無及び内容に照らして追跡の開始・継続若しくは方法が不相当であることを要するとして、「パトカーの乗務員の追跡行為に伴う具体的危険性及び右追跡行為の必要性の有無についての判断を誤り、右追跡は違法であつたとした」原審の判断を誤りとして、原審を破棄差戻しています。これに対し【京都地判平成4・9・29判自106号91頁】は、覆面パトカーで警告灯をつけず、サイレンも鳴らさずに追尾した事例で、違法性を認め、【横浜地判昭和52・1・25判時855号95頁】は、適法な追尾であっても、追尾以外に手段がなく、かつ、追尾によって得られる利益が被害者の法益を凌駕しない場合は違法性ありとし、【徳島地判平成7・4・28判時1561号112頁】は、暴走行為自動二輪車に併走して幅寄せし、自動二輪車を道路標識に激突、運転者を死亡させた行為に違法性を認めています。

⑦ 損害

　国家賠償で何が損害にあたるかについては、不法行為の場合とは大きく異ならず、積極損害・休業損害・逸失利益・慰謝料などが損害費目として検討されることになると思われます。

⑧ 因果関係

　因果関係についても、国家賠償と不法行為とで大きく異なるものはありません。責任を負う範囲は相当因果関係の範囲に限定されることになります。すなわち、通常の損害と、特別の事情によって生じた損害であっても加害者において予見が可能であった場合においては賠償責任の対象となります。

3　責任主体

公務員の加害行為について、賠償責任を負うのは「国又は公共団体」です。

国又は公共団体が責任主体となる根拠として①自己責任説（国等自身の責任を認めたとする考え方）と②代位責任説（公務員自身が負う責任を、国等が代位しているとする考え方）、これら両方の責任を併存するとする③併合的責任説があります。国家賠償法1条が、公務員の主観的要素を責任成立要件としていること、民法715条と異なり選任監督上の注意を尽くしても免責されないこと、国家賠償法1条2項が加害公務員に対する求償を認めていることから、代位責任説が、文理にも合致しており、通説とされ、判例もこの立場をとるとされています。代位責任説からは、加害公務員や加害公務員の特定が前提となるとする帰結となりますが、実務的には事案に即して柔軟に解釈されており、結論に大きな差異はありません。

4　加害公務員個人の責任

判例の立場は、個人責任否定説であり、加害公務員は、被害者に直接の責任は負いません。【最判昭和30・4・19民集9巻5号534頁】は、「右請求は、被上告人等の職務行為を理由とする国家賠償の請求と解すべきであるから、国または公共団体が賠償の責に任ずるのであつて、公務員が行政機関としての地位において賠償の責任を負うものではなく、また公務員個人もその責任を負うものではない。」としています。もっとも、自転車事故加害者がたまたま職務執行外の公務員であった場合には、公権力行使とは無関係ですので、国家賠償法には依らず、個人として責任を負うことになるのは当然です。

なお、公務員に故意又は重大な過失があったときは、国又は公共団体は、その公務員に対して求償権を有することになります（国賠1条2項）。軽過失の場合は通常の不法行為と異なり、国又は公共団体は、求償できません。これは、公務員に過大な責任を負わせることは、職務遂行にあたり公務員が莫大な損害賠償責任をおそれることによる萎縮効果が生じないようするために、公務員の責任を軽減したものとされています。

5　本問での解決

　まず、本問の加害行為が職務執行行為によるものであった場合、行為の違法性の有無が問題となります。職務執行行為にあたるとする場合でも、先に見た【最判昭和61・2・27民集40巻1号124頁】によれば、現行犯犯人の追跡などの例で、警察官が歩道を自転車で走行する必要性が見られる場合、違法性を否定されることもあり得ます。本問について、職務執行行為にあたり、また、違法性も認められる場合は、警察官個人は責任を負わず、警察官が勤務するA県が責任を負うことになります。

　職務執行行為にあたらない場合は、通常の私人の行為と考えられますので、加害者の身分が警察官であったとしても、違法性の判断は私人の場合と変わらず、加害者個人が責任を負うことになります。この場合、加害者が勤務するA県に請求することはできないことになります。

（伊豆隆義）

25

営造物責任

Q 私は、A市の市道に設置された歩道上を自転車で走行していたのですが、歩道整備が悪く、歩道に穴が空いた状態でした。その穴に自転車の前輪をひっかけ、転倒し、大腿骨骨折等の傷害を負いました。道路を危険な状態にしていたA市に損害賠償請求をすることはできるでしょうか。

1 営造物責任とは

　国家賠償法2条1項は「道路、河川その他の公の営造物の設置又は管理に瑕疵があつたために他人に損害を生じたときは、国又は公共団体は、これを賠償する責に任ずる」としています（営造物責任）。本件は、市道の歩道整備の悪さから損害を被ったとの事案ですので、A市の営造物責任の可否が問題になります。

2 営造物責任の要件

　営造物責任の要件は、①公の営造物、②国・公共団体による①の設置又は管理に瑕疵があること、③被害者の損害、④設置又は管理の瑕疵と損害の因果関係です。以下、順次、営造物責任の要件を検討し、ついで本件の検討をします。

(1) 公の営造物

　公の営造物とは、公物すなわち、国・公共団体の行政主体が設置・管理し、公の用に供せられる個々の有体物及び物的設備をいいます。管理には事実上の管理も含まれ、また国・公共団体が所有し、あるいは占有していることは必要ではありません。これに対して、私人が私有地を道路等として提供している場合には、その管理を国・公共団体が行っていないときは、営造物にあたりません。また、有体物であることが必要であり、【大阪地判昭和61・

1・27判時1208号96頁】は、偽造文書による登記申請がされたのは登記制度の瑕疵であるとして国賠法2条の請求をした事案について「国家賠償法2条による責任については、同条にいう「公の営造物」とは、国又は公共団体により直接に公の目的のため供用されている個々の有体物であって、無体財産及び人的施設を含まないと解するのが相当である」としています。

(2) 設置又は管理の瑕疵

設置又は管理に「瑕疵」があるかについての基準としては、①客観説(設置の瑕疵を、設計や構造の過程に不完全な点があること(原始的な瑕疵)と解し、管理の瑕疵を、維持・修繕・保管等に不完全な点があること(後発的な瑕疵)と解する)、②新主観説・義務違反説(公物管理者の安全確保義務違反を瑕疵と考える)、③折衷説(公物の物的欠陥(客観説の内容)に公物管理者の行為責任(安全管理義務)を含める考え方)の3説がありますが、判例は、例えば、【最判昭和53・7・4民集32巻5号809頁】は、「営造物の設置又は管理に瑕疵があったとみられるかどうかは、当該営造物の構造、用法、場所的環境及び利用状況等諸般の事情を総合考慮して具体的個別的に判断すべきものである」とするとおり、具体的個別的に判断するものとしています。

②新主観説・義務違反説や③折衷説によると、例えば【名古屋高判昭和49・11・20日判時761号18頁(飛騨川バス転落事件)】のように、山崩れなどによって通行に危険が生じることを的確に予想せず、通行止めなどの措置をとらなかったために事故が発生したという場合にも、国家賠償法2条による賠償責任が生じるとの結論が導きやすいことになります。

また、②新主観説・義務違反説では、公物に物的欠陥があったとしても、公物管理者の安全確保義務違反が存在しなければ賠償責任を問えないことになります(この説を採ると考えられる判決として、【最判昭和50・6・26民集29巻6号851頁】などがあります)。

(3) 損害

営造物責任で何が損害にあたるかについては、国家賠償の場合と同様、不法行為の場合とは異ならず、積極損害・休業損害・逸失利益・慰謝料などが損害となると思われます。

(4) 因果関係

　営造物責任を問うためには、設置または管理の瑕疵と損害の因果関係があることが要件です。営造物に通常有すべき安全性が欠けていて、設置又は管理の瑕疵が認められる場合といえども、事故との因果関係の認められない場合には営造物責任は成立しません。例えば、【徳島地判昭和46・2・8交民4巻1号208頁】は、急に道幅が狭くなっているのに照明や標識がないことを営造物の瑕疵としつつ、運転手の酒気帯び運転による事故につき、瑕疵との因果関係を否定しています。

3　責任主体

　「国又は公共団体」が、営造物の瑕疵について、賠償責任を負う主体となります。なお、営造物責任は無過失責任とされています。ただし、戦争、内乱、想定し得ない巨大な自然災害のような、通常要求される程度の注意や予防方法を講じてもなお防止できない場合、不可抗力として、無過失責任の下でも、責任を免れさせるべきではないかとの議論があります。例えば、前述の飛騨川バス転落事件【名古屋高判昭和49・11・20判時761号18頁】高裁判決の原審である【名古屋地判昭和48・3・30判時700号3頁】は、「本件事故が予見しがたい不可抗力というべき土石流の発生を直接の原因とし、これに被告の道路設置・管理の瑕疵および旅行主催者・バス運転手の過失が関連競合して発生した」として、「賠償の範囲は、事故発生の諸原因のうち、不可抗力と目すべき原因が寄与している部分を除いたものに制限されると解するのが相当」としています。

　また、国家賠償法3条は「国又は公共団体が損害を賠償する責に任ずる場合において、公務員の選任若しくは監督又は公の営造物の設置若しくは管理に当る者と公務員の俸給、給与その他の費用又は公の営造物の設置若しくは管理の費用を負担する者とが異なるときは、費用を負担する者もまた、その損害を賠償する責に任ずる。」としていますので、公の営造物を設置若しくは管理する者と、公の営造物の設置若しくは管理の費用を負担する者が異なる場合は、その双方に営造物責任に基づく賠償請求ができることになります。例えば、一般国道は、管理者は国土交通大臣ですが、費用は国と都道府県が負担していますので、国と都道府県の双方に賠償請求できます。

4　本問での解決

　本問は、市道ですので、市が営造物責任を負うのかどうかが問題となります。歩道の整備が悪く、歩道中に穴が放置されていたことが、営造物の設置・管理の瑕疵といえるかですが、穴の周辺をバリケードで囲うとか、穴があることを標識で指示するとか、何らの危険防止措置もないままに、穴が放置されていたとすると、道路管理の瑕疵があるといえそうです。

　ただし、穴が空いた時期と事故とが時間的に接着していた場合に、不可抗力とされる可能性も否めません。この点、【最判昭和50・6・26民集29巻6号851頁】は「県道上に道路管理者の設置した掘穿工事中であることを表示する工事標識板、バリケード及び赤色灯標柱が倒れ、赤色灯が消えたままになっていた場合であっても、それが夜間、他の通行車によって惹起されたものであり、その直後で道路管理者がこれを原状に復し道路の安全を保持することが不可能であつたなど判示の事実関係のもとでは、道路の管理に瑕疵がなかつたというべきである。」として、時間的に接着した事故であることによる不可抗力を認めています（なお、これについては、瑕疵の要件を満たさないと解することも可能です）。

　道路管理の瑕疵が認められる場合、本問では市が管理する道路であることから、市に営造物責任による賠償請求をすべきことになります。

　なお、道路に穴があいていた場合に、営造物責任を認めた裁判例としては、【最判昭和40・4・16判時405号9頁】（肯定例。なお、穴を補修する予算がないことが抗弁にならないとする）などがあり、否定例としては、【札幌高判昭和54・8・29訟月26巻3号382頁】（否定例。時間的接着による不可抗力）、【名古屋地判昭和48・1・17判タ302号251頁】（否定例。瑕疵と事故との因果関係を否定）、【京都地判昭和54・4・10判時942号91頁】（否定例。山間部で交通量が少ないアスファルト簡易塗装道路の穴の例）などがあります。

　なお、【東京地判平成20・5・21交民41巻3号630頁】は、道路の穴が、工事中の穴であって、工事業者が必要な養生等をしていないために生じた事故について、営造物責任に依らず、工事業者の不法行為責任を認めています。

　　　　　　　　　　　　　　　　　　　　　　　　　　　（伊豆隆義）

26

看板・商品設置と自転車事故

Q 歩道上を自転車で走行していたのですが、歩道上に広告看板を置いている店があり、この看板を避けようとして、歩行者と衝突してしまいました。歩行者からは、損害賠償請求がなされていますが、私としては、このお店が悪いと思っており腑に落ちません。この看板を設置していたお店の責任を問うことはできないのでしょうか。

1　自転車の歩行者に対する責任

　自転車が歩道上で歩行者に接触し傷害を負わせた場合、自転車運転者は、歩行者に対し、基本的には民法の不法行為として損害賠償責任を負うといえます。

　これに対し、歩行者側にも過失が認められるかどうかですが、普通自転車が歩道を通行できる場合は、限定されており、その場合でも、車道寄り部分通行、普通自転車通行指定部分の徐行義務、一時停止義務がありますので（道交63条の4第2項）、はみ出し看板や商品が歩道上にある場合といえども、歩行者との関係では、徐行運転をし、歩行者の通行を妨げるときは一時停止しなければならないこととなります。

　したがって、通行可の歩道であっても、自転車の過失は相当重いものと考えられます。

　これに対して、歩道通行不可の歩道上での事故の場合には、よりいっそう注意義務の軽減は相殺がなされる場面は想定されないでしょう。

　したがって、はみ出し看板や商品が歩道上にある場合でも、自転車が歩道を通行不可の場合はもちろん、歩道通行可の歩道上であっても、歩行者に対する過失が減殺される場面は少ないと思われます。

2　看板等設置者の責任

　道交法では「何人も、交通の妨害となるような方法で物件をみだりに道路に置いてはならない。」とされており（道交76条3項）、歩道にはみ出し広告看板や商品設置をしたものは、同法違反の違法性があります。

　この行為が原因となって、歩行者などに傷害が生じた場合は、損害賠償の責めを負う可能性があります（民709条）。また、はみ出し広告看板が単に路上に置いただけではなく、建物や敷地に接着して接合した設備といえる場合は、土地工作物責任（同717条）を負う場合もあると考えられます。

　どのような場合に看板等の設置者の責任が生じるかについては、広告看板・商品設置者の行為や設置と事故との間に相当因果関係が認められる場合といえます。

　この点、上記のとおり、自転車が歩道を走行できる場合でも、車道寄りを走行しなければならず、かつ、徐行や歩行者の通行を妨げるときの一時停止義務があることを考えると、広告看板・商品設置者の責任は認められないことも多いのではないかと思われます。自転車が徐行して走行し、歩行者が通行するときは一時停止をするとの道交法上の義務を履行していれば、広告看板・商品の設置があっても、事故を回避できたと考えられるからです。

　【東京地判平成14・7・3公刊物未登載】は、横断歩道横断中の歩行者と赤信号無視の自転車との事故で、横断歩道から手前10mにわたって販売目的のオートバイ約10台を設置し幟を立てていたオートバイ店の責任が問題となった事例ですが、判決は、オートバイ存置や幟によって見とおしが悪化したとは認めがたく、オートバイ存置等と事故発生との間には相当因果関係があるとはいえないとして、店舗側の責任を否定しました。

（伊豆隆義）

27

歩行者が加害者の場合

Q スーパーで買い物をしたあと、雨が降っていたので走って帰ろうと思い、スーパーの出入り口から歩道に小走りに飛び出したところ、歩道を右側から進行してきた自転車が、私との衝突を避けようとして転倒し、けがをしてしまいました。自転車の運転者から賠償請求をされていますが、応じなければならないのでしょうか。

1 はじめに

　歩行者であっても、自転車運転者であっても、故意又は過失によって他人を負傷させた場合には、不法行為として、これによって生じた損害を賠償すべき義務を負います（民709条）。

　この点、自転車運転者については、自転車は軽車両であり（道交2条1項8号）、その走行自体に他人を負傷させる危険性を包含するものとも評価できますので、基本的に運転に際し他人を負傷させないよう注意すべき義務を負っていると考えられます。したがって、自転車運転中に他人を負傷させた場合には、原則として過失（注意義務違反）があるものとして、賠償責任を負うと考えてよいと思われます。

　これに対し、歩行者の場合、歩道や道路を歩行すること自体は、一般的に他人を負傷させる危険性のある行為とはいえません。そのため歩行者は、基本的には自分の身を守るべき（自分に対する）注意義務しか負わないなどともいわれているところです。

　とはいえ、歩行者の予測不可能な不注意な行動によって、他人が負傷したような場合に、歩行者が不法行為責任を全く負わないとすることは妥当ではなく、やはり歩行者であっても、他人に生じた損害を賠償すべき義務を負う

場面があります。

問題は、どのような場合に、歩行者に賠償責任が認められるかです。

2　車道上の事故

裁判例を見ると、歩行者が横断歩道によらずに車道を横断しようとして、車両がこれと衝突し、車両側に損害が発生したような場合に、歩行者の不法行為責任を肯定したものがあります。

例えば、【東京地判平成15・8・26自保ジ1520号15頁】は、歩行者が横断禁止場所で、歩道のガードパイプの切れ目から車道に出、渋滞車両の間を横断中、原動機付自転車と衝突し、原動機付自転車の運転者が死亡、歩行者も脳挫傷等の傷害を負った（高次脳機能障害等の後遺障害が残存）という事案で、幹線道路の横断禁止場所横断の危険性、歩行者が左右の安全確認をしなかったこと等から、歩行者の不法行為責任を認め、過失相殺については、原動機付自転車の過失を30％、歩行者の過失を70％としました（なお、控訴審【東京高判平成16・1・29公刊物未登載[1]】では、原動機付自転車の過失が40％に変更されています）。【横浜地判平成元・4・27自保ジ判例レポート84-No.1】も、同様の事案で歩行者の不法行為責任を認め、過失相殺に関しては原動機付自転車20％、歩行者80％としました。

また、赤信号を無視して道路を横断した歩行者と自転車の事故について、【仙台地裁平成20・1・30自保ジ1778号15頁】は、赤信号無視の歩行者の不法行為責任を認め、過失相殺に関しては、自転車側に30％の過失相殺をしました。

赤信号無視の歩行者と自動二輪車との事故についての【東京地判平成8・3・6交民29巻2号353頁】も信号無視の歩行者の不法行為責任を認め、過失相殺に関しては、自動二輪車30％、歩行者70％としました（自動二輪車の運転者は死亡、歩行者も脳挫傷等の傷害を負った事案です）。

以上のように、危険な車道上に、歩行者が左右を確認せず飛び出し、道路を走行してきた車両運転者側が負傷したような場合には、歩行者の不法行為責任が肯定される場合があるといえます。また、横断禁止場所であったり、

1　桃崎剛「歩行者が加害者となった場合の過失相殺」『赤い本（2005年版）下巻』117頁以下参照

歩行者側の信号が赤信号であったような場合には、歩行者の道路進入は車両側には予測し難いともいえますので、過失相殺の判断においても、被害者両側の過失と比べ歩行者側の過失が大きく捉えられる傾向があるといえるでしょう。

3 歩車道の区別のない道路上の事故

　歩車道の区別のない道路上の事故においても、歩行者の不法行為責任を肯定する裁判例があります。

　住宅と商店の混在する市街地の道路上で、住宅玄関から飛び出してきた歩行者と、道路を進行してきた自転車とが衝突し、自転車運転者が負傷したという事故で、【京都地判昭和60・3・27交民18巻2号461頁】は、左右の安全を確認せずに道路に飛び出した歩行者の不法行為責任を認め、他方で被害自転車側にも過失があるとして50％の過失相殺を行いました。

　また、【名古屋地判平成18・10・27自保ジ1687号19頁】は、幅3ｍの車道の中央付近で遊んでいた5歳児の動作に驚いて転倒した自転車が、その親の監督責任を問うた事案で、5歳児側の不法行為責任（親の監督責任・民法714条）を認めました（ただし、自転車側に85％の過失相殺をしました）。

　【東京地判平成17・11・28交民38巻6号1575頁】は、団地敷地内の道路において、男児が車の陰から道路に飛び出したところ、走行していた自転車と衝突し、自転車運転者が左大腿骨頸部骨折等の傷害を負った（後遺障害併合7級相当）という事案で、飛び出した男児の親権者の責任を肯定しました（自転車の過失相殺率は50％）。

　車道ではない道路上でも、歩行者が道路に飛び出したり、予測不可能な行動をとった場合には、不法行為責任が肯定される場合があるといえます。

　ただし、幹線道路上の事故や歩行者の赤信号無視事案と比べると、被害車両側に比較的大きな過失相殺がなされる場合が少なくないようです。歩車道の区別のある場合、そもそも歩行者には歩道通行義務がありますので、歩行者が車道上に出てくる場合というのは、例外的あるいは一時的なものといえ、車道を走行してくる車両が、歩行者の存在を予見し衝突を避けるべき注意義務は軽減され、他方で車道に進入しようとする歩行者側に、より重い注意義務が課されるものと思われます。

これに対し、歩車道の区別のない道路上では、基本的に歩行者と車両とが混在することが予定されています。したがって、歩行者側にも車両に対し一定の注意を払うことが求められますが、車両側にも歩行者に注意した走行が求められるといえます。

4　歩道上の事故

以上に対し、歩道は歩行者の通行のための道路です。

自転車が歩道通行可とされている場合もありますが〔⇒Q3、Q8〕、あくまでも例外であり、歩道を通行する自転車には、徐行義務・一時停止義務があります（道交63条の4）。

そうすると、歩道上では、歩行者が、走行してくるかもしれない車両に注意して歩行すべき義務というものは基本的には認めがたいといえます。歩道上では、歩道を進行してくる自転車側に、歩行者の動向に注意すべき義務が課されていると考えられるのです。

とはいえ、歩行者は、歩行上ではどのように進行しようが全く自由というわけではなく、他の歩行者など、他人の通行には、やはり一定の注意を払う必要はあります。

裁判例を見ると、歩道上でも、次のような場合には歩行者の責任を肯定するものがあります。

【京都地判平成22・9・30自保ジ1840号151頁】は、幅員2.5mの歩道上で、歩行者が約90cmの傘を左手に持ち替えようと、先端を左横もしくは左後方にあげたところ、後方左側から加害者を追い抜こうとした自転車の前籠に刺さり、自転車がバランスを崩して塀に接触し転倒したという事案（なお、自転車はイヤホンを装着）で、歩行者の不法行為責任を認め、被害自転車に70％の過失相殺をしました。

これに対し、【東京地判平成22・10・19平成22（レ）第1080号】は、配達のため歩道と車道の間に車両を停め、配達先から車両に戻ろうと歩道に顔を出した加害者と、歩道を進行してきた自転車とが衝突し、自転車運転者が負傷したという事案で、歩行者の不法行為責任を否定しました。

同判決は、もともと歩道は歩行者の通行の用に供されるものであって（同2条1項2号）、自転車の通行は原則として許されず（同17条1項本文）、例

外的に許容される場合であっても、当該歩道の中央から車道寄りの部分の徐行義務、自転車の進行が歩行者の通行を妨げることになるときは、一時停止義務があることからすると、歩行者が自宅敷地等路外から自転車通行が許されている歩道に進入するに際し、歩道上の安全等を確認すべき注意義務を課される場合があるとしても、当該歩道の中央から車道とは反対側の部分を自転車が通行することを許されていない以上、歩道上の安全を確認するため、歩道上に頭部を出したにとどまる歩行者の行為をもって、自転車の安全円滑な通行を妨げたということはできないとしました。また、自転車の徐行義務・一時停止義務は、歩道における歩行者保護の趣旨から課されているものであるところ、歩道上に進入してくる歩行者についても、走行している自転車との関係で保護を図る必要性において異なるところはないとも判示しています。

以上のように、歩道上での事故については、事故発生を防止する責任は基本的には自転車側にあるといえます。

とはいえ、歩行者にも、歩道上の安全を確認するなど、一定の注意義務を肯定すべき場合があります。

特に、歩行者が歩道上に飛び出したような場合、その飛び出しが自転車側からは予見し難いものであったり、あるいは、事故回避が不可能なほど急な飛び出しであったような場合には、歩行者の不法行為責任が肯定される場合があるものと思われます。

(岸 郁子)

3

損害賠償の範囲と損害額の算定

28

損害額算定上の問題

Q 自転車事故による損害賠償請求を行うにあたって、損害額の算定において留意すべき点はありますか。

1 賠償資力の問題

　自転車は、道交法上は軽車両にあたりますが、自賠法の適用がなく、自賠責保険のような強制保険もありません。また、自動車保険のような賠償責任保険も自転車に関しては十分普及していません。

　したがって、自転車加害事故においては、賠償義務者に賠償資力がないことも少なくなく、被害者が損害賠償額をいくら緻密に計算して請求しても、残念ながら、結局は、加害者が支払える限度でしか賠償を受けられない場合もありますので、注意が必要です。

2 損害賠償の算定における問題点

　裁判例を見ると、被害者が賠償請求できる損害額の算定方法自体は、自転車加害事故であっても、また、加害者に十分な資力がなくても、通常の自動車事故とあまり変わらないようです[1]。

　すなわち、人身事故の場合には、治療費、通院交通費、休業損害、傷害（入通院）慰謝料などが請求でき、後遺障害が残ったと認められる場合には、後遺症慰謝料が請求できるほか、多くの場合には労働能力を喪失したことによる逸失利益も請求できます。

　また、自転車加害事故においても、被害者に脳の損傷等による重度後遺障害が残存してしまう事案も生じています。このような事案では、被害者の余命期間にわたる介護費用なども請求され、裁判でもこれが認められています

1　拙稿「自転車加害事故における損害算定と過失相殺の動向」日本交通法学会『自転車事故に関する諸問題』（交通法研究第40号）』60頁以下参照。

【東京地判平成20・6・5自保ジ1748号2頁等】。

3　過失相殺と素因減額

　自転車加害事故でも、過失相殺は当然問題となります（具体的な過失相殺の考え方については別項目［⇒Q30］を参考にしてください）。

　また、素因減額も自動車事故と同様に問題となります。すなわち、被害者の既往症などの体質的素因や心因的要因が損害の発生や拡大に寄与しあるいは一因となっている場合には、公平の見地から、過失相殺の規定（民722条2項）を類推適用して、損害賠償額が一定程度減額されることがあります【最判昭和63・4・21民集42巻4号243頁】【最判平成4・6・25民集46巻4号400頁等】。

　自転車加害事故で素因減額が問題となった裁判例としては、【東京地判平成11・10・25交民32巻5号1628頁】【神戸地判平成17・3・24自保ジ1627号10頁】などがあります。

4　後遺障害の認定の問題

　被害者に後遺症が残った場合、自動車事故においては、裁判外で自賠責調査事務所等による後遺障害等級認定を受けることができ、被害者は、認定された等級に応じた慰謝料と逸失利益を算定し請求すれば足りることが多いといえます。

　これに対し、自転車加害事故の場合、自賠責保険制度の適用がないため、裁判外で後遺障害の認定を受けることが基本的にできないという問題があります。

　そのため、後遺障害の有無や程度が争いとなった場合には、裁判において医学的論争が繰り広げられ、裁判が複雑かつ長期化する場合も少なくありません。

　裁判において後遺障害の有無や程度を争う際には、自賠責保険が準じている労災保険の後遺障害認定基準を参考にすることとなるでしょう。通勤災害等であるため労災保険が適用になる事故においては、労災保険における判断も参考になりますし、さらには身体障害者の認定なども参考になる場合があります。

　　　　　　　　　　　　　　　　　　　　　　　　　　　（岸　郁子）

29 物 損

Q 自転車の事故で他人の物を壊してしまった場合の損害には、どのようなものがありますか。自動車等の事故の場合と違いはありますか。

1　自転車事故における物損

　自転車の事故で他人の物を損傷した場合、民法709条による損害賠償責任を負いますが、その際の損害の考え方は、自動車の事故の場合とあまり変わりません。

　物損の損害費目としては、修理費、買替差額、買替諸費用、評価損、代車使用料、休車損、雑費、営業損害等、積荷等の損害、ペットに関する損害等があります。

　もっとも、自転車が加害者となる事故では、自動車等の事故と比べ衝突の衝撃の程度が比較的小さいことから、店舗を損壊したときの営業損害等が発生するケースは稀と思われます。

　他方、自転車が事故で損傷した場合は、自転車の中古市場が十分に形成されていないことなどから、損害の算定に苦労することも少なくありません。

　以下、自転車の事故で他人の自動車を損傷した場合と、他人の自転車を損傷した場合の両方を念頭に置いて、各損害費目を検討していきます。

2　修理費

　事故により自転車、自動車等が損傷し、修理が相当な場合、適正な修理費相当額が損害となります。自転車が事故で損傷した場合には、自転車店で修理費の見積りを出してもらいます。

　修理費が認められるのは、原状回復のための修理が可能な場合です。物理的に修理が不能となった場合（物理的全損）、経済的に修理が不能となった場

合（経済的全損）、車体の本質的構造部分が客観的に重大な損傷を受けたため買替えをすることが社会通念上相当な場合には、修理不能として次の買替差額等の問題になります【最判昭和49・4・15民集28巻3号385頁】。

3　買替差額

　上記のとおり、事故により損傷した車両が、物理的又は経済的に修理不能となった場合、買替えをすることが社会通念上相当な場合には、事故当時の車両の時価相当額と売却代金（スクラップ代である場合を含みます）との差額が損害となります【前掲最判昭和49・4・15】。

　経済的全損とは、物理的、技術的には修理が可能であっても、修理費が事故当時の車両の時価相当額及び買替諸費用（後述）の合計額を上回る場合をいい、この場合、車両の時価相当額及び買替諸費用が損害となります。これらが賠償されれば、被害者の事故前の経済状態が回復されるためです。

　車両の時価相当額は、同一の車種・年式・型、同程度の使用状態・走行距離等の車両を中古車市場で取得するのに必要な価格（いわゆる再調達価格）によります【前掲最判昭和49・4・15】。

　この点、被害車両が自動車の場合、オートガイド社発行の自動車価格月報（レッドブック）等を参考に算定することが一般的です。

　他方、被害車両が自転車の場合には、自動車のような成熟した中古車市場が形成されていないこともあり、時価額の算定に困難を伴うことも少なくないようです。購入価格、購入後の経過年数、自転車の種類（ロードレーサー等のスポーツ車か、いわゆるママチャリか）等を考慮して、算定することになるでしょう。実務上は、減価償却の考え方を参考に、購入時の価格から経年劣化分を差し引いたものを時価額とすることも多いようです。裁判例では、【京都地判平成18・10・24自保ジ1678号9頁】（電動自転車）【大阪地判平成24・4・19自保ジ1880号147頁】（イタリア製高級自転車）等があります。

4　買替諸費用

　自動車の場合、車両の買替えが認められる場合、買替えに伴う諸費用のうち一定のものが損害となります。

　自動車であれば、自動車取得税、消費税、自動車重量税（未経過分）、検

査・登録法定費用、車庫証明法定費用は、事故がなければ負担する必要のないものですので損害となります。自動車税、自賠責保険料は、廃車により還付を受けられるため損害にはなりません。

他方、自転車の買替えの場合には、事故車両と同等の車両を取得した場合の消費税相当額、防犯登録料[2]等が損害として考えられます。

5 評価損

事故により損傷を受けた車両について、修理によっても外観や機能に欠陥が残り、又は事故歴により商品価値が下落した場合の価値下落分を評価損といいます。修理によっても外観や機能に欠陥が残った場合（技術上の評価損）には、一般に損害と認められます。

修理によって原状回復がなされ、外観や機能上の欠陥はなくなっても、事故歴のある車両として中古車市場での価値が低下する場合（取引上の評価損）については、客観的な価値の低下はなく、車両を使用し続ける限り損失は顕在化しないとして評価損を否定する見解もあります。

しかし、事故により自動車が損傷を受けた場合には、現に中古車市場では事故歴のある車両の価値が低く扱われており、売却により損失が顕在化しなくとも交換価値の低下自体は事故時に発生しているとして、一般論として評価損を肯定した上で、事故車両の車種、走行距離、初度登録からの期間、損傷の部位・程度、修理の程度等を考慮し、評価損の発生の有無を判断するのが近時の傾向といえます【東京地判平成12・11・21交民33巻6号1929頁等】。評価損を認める場合、修理費の一定割合で損害額を認定する例が多いようです。

他方、事故により自転車が損傷した場合の評価損については、一般論としては否定する理由はないと思われますが、これを認定した裁判例はまだ見あたりません。そもそも自転車は安価な乗り物であり、事故がなくとも日常的な使用における損傷は通常あり得ること、自転車の中古車市場は十分に形成されておらず、交換価値の低下を立証することも困難であること等の理由が

---

[2] 自転車の安全利用の促進及び自転車等の駐車対策の総合的推進に関する法律12条3項により、自転車利用者には利用する自転車の防犯登録が義務付けられています。

考えられます。

6　代車使用料

　事故により損傷を受けた車両の修理又は買替えの期間中に代車を使用した場合の費用です。自動車が損傷した場合には、代車使用の必要性がある場合に、修理又は買替えに要する相当な期間の限度で損害と認められます。

　他方、自転車についても、代車使用料を認めることは理論上は可能と思われます。ただし、費用をかけて代車を使用するという事態は、あまりないのではないかと思われます。

7　休車損害

　事故により営業用車両が損傷を受け、修理又は買替えを要した場合に、当該車両を営業に使用できないことによる得べかりし利益の損失が休車損害です。被害者に遊休車が存在する場合には、それを使用することで休車損害の発生を回避できたかが考慮されます。

　自転車が損傷した場合の休車損害については、やはりこれを認めた裁判例は見あたりませんが、自転車便等も普及した昨今、これが問題となる例も出てくるのではないかと思われます。

8　雑　費

　車両引き揚げ費、保管料、時価査定料、見積り費用、廃車料、交通事故証明交付手数料等が認められる場合があります。

9　営業損害等

　事故により家屋や店舗を損傷した場合、修理費や営業損害が認められます。もっとも、自転車が加害者となる事故で、家屋や店舗を損傷するケースは多くないでしょう。

10　積荷等の損害

　積荷や所持品、着衣等を損傷した場合には、その損害も認められます。所持品や着衣の損害額は、購入価格や購入後の経過年数等を考慮して算定され

ます。

　ただし、積荷については、自動車事故においては積載方法に過失があったとして過失相殺がなされた例も散見されます【名古屋地判平成16・1・16自保ジ1535号3頁等】。

　自転車の積荷についても、荷台やカゴにむき出しに積んでいるのが通常でしょうから、きちんと固定し、かつ、特に高価なものについては外部からの衝撃等による損傷を避けるための措置を十分にとっていないために積荷が損傷したといえるような場合、あるいは、より大きな損傷となったような場合には、過失相殺がなされる可能性は十分にあると思われます。

11　物損に関する慰謝料・ペットに関する損害

　物的損害に関する慰謝料は、原則として認められません。

　ただし、物の財産権だけではなく、それとは別個の法益が侵害されたと認められる場合には、慰謝料が認められることがあります。長年家族同様に飼ってきたペットが死傷したケース【東京高判平成16・2・26交民37巻1号1頁】等で慰謝料が認められたものがあります。

　また、事故によりペットが死傷した場合には、治療費、交通費、葬儀費用等が認められるほか、前述のとおり慰謝料を認めた裁判例もあります。

　なお、自転車にペットを積載して事故に遭い、ペットが死傷した場合には、積荷損害と同様、過失相殺がなされる可能性があります。

（九石拓也）

30

自転車加害事故と過失相殺基準

Q 自転車が加害者となった歩行者との事故、あるいは自転車同士の事故について過失相殺基準はありますか。これらの事故の場合には、過失相殺についてどのように考えていけばよいのでしょうか。

1 過失相殺とは

　民法722条2項は「被害者に過失があったときは、裁判所は、これを考慮して、損害賠償の額を定めることができる。」と規定しています。これが「過失相殺」の根拠規定です。「過失相殺」は公平の理念あるいは信義則上、加害者に全部の損害を賠償させるのが妥当でない場合に損害賠償の額を定める際に考慮（斟酌）するものだと理解するのが通説・判例です。

2 自転車加害事故と過失相殺基準

　過失相殺基準には、東京地裁民事交通訴訟研究会編「民事交通訴訟における過失相殺率の認定基準（全訂5版）」（別冊判例タイムズ38号、2014年）（以下『別冊判タ38号』という）や毎年刊行されている日弁連交通事故相談センター東京支部編「民事交通事故訴訟損害賠償額算定基準」（以下『赤い本』という）などがあります。もちろん、これらの基準には法的な拘束力がある訳ではありませんが、実務処理上参照されており、過失相殺率の判断や認定において、重要な役割を果たしています。

　従来は自転車同士の事故や歩行者と自転車との事故（以下「自転車加害事故」という）については、過失相殺基準は存在していませんでしたが、ようやく『別冊判タ38号』において、歩行者と自転車との事故に関する過失相殺基準が公表されました。もっとも、同書では自転車同士の事故に関しては基準化が見送られました（同書45頁）。自転車同士の事故については『赤い

本（2014年版）下巻』で過失相殺基準の第1次試案が公表されたところですが、まだ試案の段階です。

3　自転車加害事故の過失相殺を基準化する難しさ

　自転車加害事故に過失相殺基準がなかったことは、その紛争を適正に解決することを困難にする大きな要因の1つとなっていました。実際、自転車と歩行者との事故の裁判例を見ると自動車事故に比べて裁判官によって過失相殺の判断にはかなり幅があり、裁判官が異なることによる判断の差に起因する可能性がある、とも指摘されていました。そのため、自転車加害事故につき、その基準化の必要性が議論されてきました。

　しかし、他方で、自転車加害事故は一般には被害がそれほど大きくならないので、裁判例の数も自動車事故に比べると著しく少ないのが実際です。また自転車加害事故は、その態様の個別性が大きく多種多様であり、類型化になじまないのではないか、という指摘もあります。自転車は小回りがきき容易に左右に進路を変えたり停止できる乗り物であるため、事故態様が大きな争いとなり事実認定が難しい事案も少なくありません。このようなところに自転車加害事故の過失相殺を基準化する難しさがあります。

　『別冊判タ38号』でも、基準化は「初めての試みであるため、今後の実務における運用や批判を踏まえて、更に適切な基準に改めていく努力を重ねる必要がある」と述べられています（同書45頁）。

4　自転車加害事故における過失相殺の考え方

　自転車加害事故につき、過失相殺はどのように考えればよいでしょうか。
　まず自転車同士の事故については、四輪車同士の事故の過失相殺基準を参考にできる場合が多いものと思われます。自転車同士の事故は対等な当事者同士の事故ですから、基本的には双方の過失を対比し90：10のように割合で判断（「過失割合」という形で考慮）することになるでしょう。

　これに対して自転車と歩行者との事故については、『別冊判タ38号』では、原則として、歩行者と四輪車・単車との事故の過失相殺基準の事故態様を参考に四輪車・単車を自転車に置き換えて過失相殺率を基準化しています（同書129頁）。ここでは自転車と歩行者との事故は「過失割合」の考え方ではな

く、10％というように、双方の過失を対比せず、被害者の過失を「過失相殺率」という単独の数字で考慮されています。

　しかしながら、自転車加害事故に自動車事故の過失相殺基準を「そのまま使う」ことはされていません。その理由として以下のような指摘があります。

① 　自転車に対する特殊な交通規制（道交法第３章第13節等）から、自動車の過失相殺基準をそのまま自転車加害事故に適用できない事故類型が存在します。

② 　自転車の乗り物としての特殊性、自動車とのスピードの違い、軽量かつ操作容易であることから自由自在に停止したり左右に進路を変えたりできる等から、自動車の過失相殺基準をそのままあてはめることが困難な事案も存在します。

③ 　自転車には運転免許制度がないこともあり、道交法の規制が周知されず必ずしも遵守されていない交通実態があることから、道交法以外の判断要素も無視できません。自転車利用者は具体的な状況に応じて事故を回避しつつ通行している交通実態があるので、自転車加害事故において被害自転車・被害歩行者の過失を斟酌するには、道交法の定めるルールをそのまま適用するのではなく、具体的な事故状況における結果予防の可能性や具体的な回避義務違反を相当程度に考慮せざるを得ないとも考えられます。

④ 　自動車事故では自動車は歩行者との関係で圧倒的な「強者」といえますが、自転車事故では自転車は歩行者との関係で自動車ほど「強者」とはいえないことから、若干自転車に有利な判断を行ってよいとも考えられます。

　したがって、自転車加害事故では自動車事故の過失相殺基準を参考にしながら、以上のような特殊性を踏まえて過失相殺を検討する必要があるでしょう。

5　自転車加害事故の過失相殺分析の研究報告

　近時、自転車と歩行者との事故が増加し、社会的にも自転車加害事故の重大さ、自転車の危険性を指摘する声が目立つようになっています。また平成19年の道交法改正で自転車に関する法規制も変わりました。このように自転車の交通をめぐる状況が大きく変化したことを踏まえて、『別冊判タ38号』による基準公表に先立ち、次の①②の研究報告が公表されていました。自転車加害事故の過失相殺を検討する場合には、これらの研究報告も参考にする必要があるでしょう。『別冊判タ38号』も、下記「研究成果を踏まえて」基準化したとされています（同書45頁）。

① 日弁連交通事故相談センター東京支部過失相殺研究部会編著『自転車事故過失相殺の分析』（ぎょうせい、2009年）（以下『過失相殺の分析』という）。これは賠償実務に関わる弁護士が自転車と歩行者との事故・自転車同士の事故の裁判例（延べ120件）を分析・研究した成果をまとめたものです。

② 「自転車事故と過失相殺」法曹時報62巻3号645〜697頁（「交通事故損害賠償実務の未来」（法曹会）にも収録）。これは東京・大阪・名古屋・横浜の各地裁交通部の裁判官が①を分析・検討した紙上討論であり、個々の裁判官の意思が個別に示されています。ただし①とは異なり自転車と歩行者との事故のみを対象としています。

　　　　　　　　　　　　　　　　　　　　　　　（柄澤昌樹・岸　郁子）

31

歩行者と自転車との事故の過失相殺

Q 私は歩行中に自転車にぶつけられてけがをしてしまいました。けれども相手方は過失相殺の主張をしています。歩行者と自転車との事故での過失相殺の基本的な考え方について教えてください。

1 歩行者と自転車との事故の類型化の必要性

　過失相殺を考える場合には、典型的な事故類型をまずは念頭において検討していくことが有用です。『別冊判タ38号』で新たに公表された歩行者と自転車との事故の過失相殺基準においては、「歩行者と自転車との事故態様としては、基本的には、歩行者と四輪車・単車と同様の事故態様が考えられる」として、原則として、四輪車・単車を自転車に置き換えて過失相殺率が基準化されています。

　これに対し、『過失相殺の分析』は、歩行者と自転車との事故の類型化につき、以下のとおり基本的な考え方を提示しています。すなわち、歩行者と自転車との事故において過失相殺を行う際に基本となるのは、事故の当事者である歩行者・自転車の規範違反の有無及び程度であると考えられます。歩行者と自転車との事故においては、通行場所＝事故発生場所によって事故当事者である歩行者・自転車にそれぞれ異なる規範が課されています。したがって、一次的に事故発生場所により類型化すべきです。

　また、事故の当事者である歩行者と自転車の進行方向によって、それぞれの注意義務の内容及び程度が異なってくると考えられます。歩行者と自転車の進行方向によって、相手方の発見可能性・回避可能性が異なるからです。したがって、二次的に歩行者と自転車の進行方向によって事故を類型化すべきです。以上のような考え方に基づいて歩行者と自転車との事故を類型化すると、表のとおり［⇒123頁］となります。

以上の『過失相殺の分析』の考え方に対して、東京・大阪・名古屋・横浜の各地裁交通部の裁判官による「自転車事故と過失相殺」（法曹時報62巻3号645～697頁）では積極・消極の見解が示されました。

2　歩道上・路側帯上の歩行者と自転車との事故

　『別冊判タ38号』では、歩道又は路側帯上の歩行者と自転車との事故における歩行者の基本的過失相殺率は０％とされています（同書【87】～【90】図）。『過失相殺の分析』でも、歩道上の直進進行中の自転車と交差方向から進行してきた歩行者との事故、路側帯上の対向方向に進行する歩行者と自転車との事故については議論がありますが、その他の類型では歩行者の基本的過失相殺率は０％と考えられています。裁判例を見ても、歩行者の基本的過失相殺率は０％とするものが多いようです。例えば、店舗から歩道上に出てきた歩行者と歩道を直進進行してきた自転車が衝突した事案で、【大阪地判平成19・3・28自保ジ1723号13頁】は歩行者に過失相殺を行っていません。

　ただし、道交法上自転車は例外的に歩道通行が認められており［⇒Ｑ８］、道交法で許されているか否かにかかわらず現実に自転車が歩道を通行している交通実態も存在します。また道路左側の路側帯においては道交法上も自転車の通行が原則として認められており、歩行者と自転車の通行の混在が予定されています［⇒Ｑ９］。そのため、歩道上・路側帯上の事故では歩行者も事故の予防・回避につき注意を払うべきであったとして、一定の過失相殺を行う裁判例も見られます。例えば、歩行者と自転車とが路側帯上で正面衝突した事案【大阪地判平成10・6・16交民31巻3号866頁】では歩行者の前方不注視・不適切な回避措置を理由に20％の過失相殺を行っています。

　『別冊判タ38号』（【87】～【90】図）は、歩行者に「急な飛び出し」があったような場合に、歩行者の過失を加算修正するとしていますが、過失相殺基準は「典型的な事案を前提」としたもので、個々の事故態様に応じた柔軟な解決の必要性も指摘されており（同書「はしがき」）、事案によってはそれ以外にも歩行者に過失ありとされる場合があり得ることには注意が必要です。同書でも「歩道を通行することが許されている普通自転車との関係では、当該普通自転車が歩道の中央から車道寄りの部分を徐行しながら進行しており、歩行者がわずかに注意すれば事故を回避することが出来た場合には、若

干の過失相殺を考慮することになろう。」とされています（同書184頁）。

3　横断歩道上の歩行者と自転車との事故

　『別冊判タ38号』では、自転車が横断歩道を通過する場合の、信号機の設置されている横断歩道上の事故（歩行者が青信号で横断を開始した場合。同書【60】図）や信号機の設置されていない横断歩道上の事故（同書【68】【69】図）における歩行者の基本的過失相殺率は0％とされています。『過失相殺の分析』でも、歩行者が青信号以外の場合を除き、歩行者の基本過失相殺率は0％と考えられています。裁判例を見ても自転車が道路を進行し横断歩道上の歩行者に衝突した事故においても同様に考え歩行者の基本的過失相殺率は0％とする裁判例が多いようです。信号機が設置されていない横断歩道上での歩行者と自転車の事故で【東京地判平成15・9・30自保ジ1534号23頁】は「横断歩道上を歩行していたのであるから、歩行者として絶対的に近く保護されるべきものである。」と判示し歩行者の過失相殺率を0％としました。

　他方、自転車事故では自動車事故とは異なって自転車が横断歩道を利用して道路を横断する際の事故（自転車と歩行者とが同一方向ないし対向方向に進行中の事故）が生じやすいという特殊性があります。『別冊判タ38号』は、この場合にも歩行者の基本的過失相殺率を0％としました（同書【69】図）。

　自転車が横断歩道を利用して道路を横断する際の歩行者との事故については、自転車の横断歩道横断を道交法も容認していると解されること〔⇒Q6〕をどのように考慮するかという問題があります。

　『別冊判タ38号』は、横断歩道では歩道上と同様に歩行者を保護すべきであり、自転車が横断歩道横断をする際の歩行者との事故についても歩行者の基本的過失相殺率は0％としていますが、歩行者にも一定の過失を認めてもよいのではないかという意見もあります。『別冊判タ38号』でも歩行者が急に立ち止まるなど予想外の動きをした場合にはこれを修正要素とし、歩行者の過失を加算修正するとしています。

4 車道上又は歩車道の区別のない道路上の歩行者と自転車との事故

　車道上又は歩車道の区別のない道路上の歩行者と自転車との事故については、類型毎に歩行者の基本的過失相殺率を検討すべきです。『別冊判タ38号』は、歩行者が車道を横断する際の事故（同書【85】図）につき歩行者の基本的過失相殺率を20％とし、横断歩道のない交差点又はその通過における事故（同書【84】図）については、歩行者の過失相殺率を15％としています。裁判例を見ると、【名古屋地判平成17・3・9自保ジ1617号13頁】は、歩車道の区別のある車道を横断しようとした歩行者と車道を直進進行してきた自転車との事故につき、歩行者の基本的過失相殺率を20％と判断しています。

　車道上又は歩車道の区別のない道路上の歩行者と自転車との事故のうち、歩行者と自転車が同一方向に進行する事故、あるいは歩行者と自転車が対向方向に進行する事故についてはどうでしょうか。

　『別冊判タ38号』は、車道上の事故につき車道通行が許されている場合には10％（同書【91】図）、それ以外の場合には歩行者が車道側端を歩行している場合を基本に25％（同書【92】図）の過失相殺率を歩行者に認めています。また歩車道の区別のない道路上の事故につき、歩行者が右側端を通行している場合には0％（同書【93】図）、歩行者が左側端を歩行している場合には5％（同書【94】図）、歩行者が道路の中央部分を歩行している場合には10％（同書【95】図。ただしおおむね幅員8ｍ以上の道路の場合は基準外）の過失相殺率を歩行者に認めています。このように『別冊判タ38号』は自転車事故につき被害者の歩行していた場所（衝突場所）によって異なる基本的過失相殺率を定めており、基本的過失相殺率については自動車事故と同様の数値を採用しています。

　しかしながら自転車は、車道上又は歩車道の区別のない道路では左側端を通行すべきとされています［⇒Q5］。そのため特に歩車道の区別のない道路では、自転車は右側端通行義務のある歩行者と対面交通になるので衝突しやすいといえます。このような場所での歩行者と自転車との事故では、当事者の進行していた場所（衝突場所）よりも、当事者相互の視認可能性・衝突回避可能性という観点からその進行方向（同一方向か対向方向か）を重視し

て過失相殺を検討すべきという考え方もあります（『過失相殺の分析』参照）。裁判例でも、例えば【名古屋地判平成14・9・27交民35巻5号1290頁】は、歩車道の区別のない道路上の歩行者と自転車との対向方向の事故につき、視認可能性・衝突回避可能性を前提として歩行者に15％の過失相殺を認めています。

（柄澤昌樹・岸 郁子）

[『過失相殺の分析』における歩行者と自転車との事故の類型]

事故発生場所による分類	進行方向等による分類		
歩道上の事故	対向方向に進行する歩行者と自転車との事故		
	同一方向に進行する歩行者と自転車との事故		
	直進進行中の自転車と交差方向から進行してきた歩行者との事故		
	佇立していた歩行者と自転車との事故		
路側帯上の事故	対向方向に進行する歩行者と自転車との事故		
	同一方向に進行する歩行者と自転車との事故		
	直進進行中の自転車と交差方向から進行してきた歩行者との事故		
	佇立していた歩行者と自転車との事故		
横断歩道上の事故	信号機の設置された横断歩道を横断中の歩行者と道路進行中の自転車との事故	歩行者が青信号の場合	
		歩行者が青信号以外の場合	
	信号機の設置されていない横断歩道を横断中の歩行者と道路進行中の自転車との事故		
	横断歩道上を対向方向に進行する歩行者と自転車との事故		
	横断歩道上を同一方向に進行する歩行者と自転車との事故		
歩道等と車道の区別のある道路の車道上の事故	対向方向に進行する歩行者と自転車との事故		
	同一方向に進行する歩行者と自転車との事故		
	直進進行中の自転車と交差方向から進行してきた歩行者との事故	幹線道路以外の道路横断の場合	
		幹線道路横断の場合	
		自転車道横断の場合	
	佇立していた歩行者と自転車との事故		
歩道等と車道の区別のない道路の道路上の事故	対向方向に進行する歩行者と自転車との事故		
	同一方向に進行する歩行者と自転車との事故		
	直進進行中の自転車と交差方向から進行してきた歩行者との事故	出合い頭型	
		横断型	
		飛出型	
	佇立していた歩行者と自転車との事故		

32

自転車同士の事故と過失相殺

Q 私は、先日、自転車で走行中、交差道路を走行中のサラリーマンの運転する自転車と衝突してしまい、右大腿骨骨折の傷害を負いました。相手は、右上腕骨骨折の傷害を負っています。自動車同士の事故と異なり、自転車同士の事故は自損自弁であり、自分の損害を自分で負担し、相手に賠償する必要はないと聞いたことがあるのですが、その処理でよいのでしょうか。

1 自転車同士の事故と過失割合

　自転車同士の事故の場合に、自損自弁ということはありません。自転車の場合、自賠責保険制度がなく、自転車事故の保険も未整備であることから、お互いに健康保険などを使っての治療をすることが多いと思いますが、そのことは自損自弁、自分の損害を自分で負担すれば終わりということではありません。

　自転車同士の事故でも、自動車同士の事故の場合と同様、事故態様を検討の上、双方の過失割合が問題となります（『別冊判タ38号』では自転車同士の事故についての過失相殺の基準化は見送られました）。

　ところで、自動車同士の事故の場合、通常、道路交通法規の遵守を一応の前提として過失相殺を検討することが行われており、『別冊判タ38号』も、道路交通法規を前提とする過失相殺基準を提案しています（同書203頁以下）。

　これに対し、自転車同士の事故においては、道交法の特殊な規制や、自転車特有の運転慣行、免許制度や車検制度がないこと、自転車の物理的性能上の特性などから、必ずしも道交法の遵守を基準とすべきではないのではないかとの疑問が出ることがあります。

裁判例の中にも、自転車の注意義務や過失は、加害者としての過失が問題にされることは少なく、被害者的立場から過失相殺として考慮されることが多い等として自動車の機能や危険性を前提とする過失割合の一般的基準を自転車同士の事故にそのまま適用ないし準用するのは相当ではないとするものも存在します【東京地八王子支判平成14・1・17交民35巻6号1771頁】【横浜地判平成17・1・31公刊物未登載[3]】【東京地判平成12・12・15交民33巻6号2018頁など】。

　しかしながら、自転車同士の事故においても、双方の自転車はともに軽車両として道交法の規制の下にあり、道交法に基づく一定のルールによる走行が予定されている以上、ルールを遵守していることへの期待があり、運転者の他方運転者への信頼も存在します。そして、双方が同じ自転車であることから、いわば、武器平等の状態であり、被害者的要素を考慮する必要は少ないと思われます。

　そこで、自転車事故においても、自損自弁で処理するのではなく、基本的には道路交通法規を前提とする過失相殺を検討するべきです。

2　自転車であることによる過失の特徴

　もっとも、先に見たように、道交法の特殊な規制や、自転車特有の運転慣行、免許制度や車検制度がないこと、自転車の物理的性能上の特性が存在することも否定できません。そこで、自転車同士の過失を考える上では、道路交通規範遵守の実態、視認可能性、特に後方視認の悪さ、停止による結果回避の容易さ、自転車ごとの速度・制動等の性能の差異などにも着目して、これらをも過失判断要素としていくことが必要になります。

　以上のような考え方に基づいて、『赤い本（2014年版）下巻』では、自転車同士の事故の過失相殺基準（第1次試案）が公表されましたが、そこでは自転車同士の事故が別表（126頁）のとおり類型化されています。

3　本問の場合

　本問の出会い頭の事故では、双方ともに信号や一時停止標識による規制が

---

[3]　公刊物未登載の裁判例については、『過失相殺の分析』に紹介されていますので、参考にしてください。

ないとすると、過失割合は50％対50％とされることが多いかもしれません。しかし、そのことと、自損自弁ということとは意味が異なります。双方の過失損害を計算したうえで、そこから各人の過失に応じた減額がなされるということになります（例えば、一方（A）の損害が100万円、一方（B）の損害が10万円の場合、過失割合が50：50のときには、Aについては50万円の、Bについては5万円の賠償請求権が認められます）。双方の損害を検討の上、互いに公平に損害賠償をすべきです。

（伊豆隆義）

[自転車同士の事故の類型]

進行方向による分類	細分類	
		再細分類
直進進行中の自転車と交差方向から進行してきた自転車同士の事故	信号機による交通整理の行われている交差点における事故	
		青信号車と赤信号車との事故
		黄信号車と赤信号車との事故
		赤信号車同士の事故
	信号機による交通整理の行われていない交差点における事故	
		一方に一時停止の規制がある場合
		十字路交差点
		丁字路交差点
		同幅員の交差点の場合
		十字路交差点
		丁字路交差点
対向方向に進行する自転車同士の事故	歩道以外の道路上の事故	
	歩道上の事故	
		自転車通行可の歩道
		自転車通行不可の歩道
同一方向に進行する自転車同士の事故	追抜車と被追抜車との事故	
		後続車が先行車の側方通過後に進路を変更して先行車の進路前方に出た場合の事故
		後続車が先行車を追い抜こうとして両者が並走状態にある際の事故
	進路変更車と後続直進車との事故	
	右（左）折車と後続直進車との事故	

33

自転車の運転者が受傷した場合の過失相殺

Q 歩行者と自転車との事故で、自転車の運転者（のみ）がけがをし、歩行者に損害賠償義務が発生した場合の過失相殺の考え方を教えてください。

1 はじめに

　歩行者と自転車との事故において、歩行者が傷害を負うなど、歩行者から自転車運転者等に対する損害賠償請求がなされた場合の過失相殺の考え方については、［⇒Q31］に記述したとおりです。

　他方、歩行者と自転車との事故において、自転車運転者が傷害を負ったり、物損が生じたとして、歩行者に対し損害賠償請求をした場合の過失相殺については、どのように考えるべきでしょうか。

　『別冊判タ38号』では、歩行者と自転車との事故の過失相殺基準が新設されましたが、これに関しては、歩行者が被害者となる場合の過失相殺率のみが基準化されており、歩行者が加害者となるような場合は、「基準の対象外」とされています。それはこの基準が「被害者保護、危険責任の原則、優者危険負担の原則等を考慮して、歩行者に生じた損害のうちどの程度を減額するのが社会通念や公平の理念に合致するかという観点から過失相殺率を基準化」したものだからです（同書129頁）。

　したがって、自転車運転者が被害者となった場合には、歩行者が被害者となった場合とは別に、被害者保護や危険責任の原則、優者危険負担の原則等を考慮し、あるいは考慮せず、過失相殺率を認定することが必要となります。

2 裁判例の検討

　歩行者と自転車との事故及び自転車同士の事故については、自動車事故と

は異なり、広く認められた過失相殺基準がなく（なお、自転車同士の事故については、第1次試案が公表されています。[4]）、歩行者加害事故についても同様です。

そこで、過失相殺の考え方を検討するにあたっては、裁判例を参考にすることが有用といえます。

『過失相殺の分析』の137頁以下、303頁以下には、自転車運転者がけがをした場合の裁判例についての解説がなされています。

ここでは、車道上、団地敷地内の道路上、歩道上等の事故発生場所ごとに裁判例の検討がなされていますが、概観すると、歩行者と自転車との事故で歩行者が被害者となった場合の歩行者の過失相殺率を裏返した数字（歩行者の過失が20％とされたとすると、100％－20％＝80％を自転車の過失と考える考え方）が、自転車が被害者となった場合の自転車の過失相殺率とされているとは限らないことがわかります。

自転車が被害者となった事故の裁判例では、加害者になった場合よりも、被害者保護の観点から、自転車側の過失を小さく考えているものが多いようです。

とはいえ、自転車運転者が被害者となった場合でも、自転車運転者の過失相殺率が50％を下回ることは少ないようです。これは、自転車運転者が被害者となった場合であっても、軽車両である自転車は歩行者との関係では「優者」ですので、事故の責任の多くは自転車側にあるという考え方が強いためと思われます。

3　例外事例

『過失相殺の分析』を見ると、自転車運転者の過失相殺率が50％以下とされた裁判例は3例（うち1件は50％とされました）あります。

1つは、歩道上の事故で、歩行者が予測不可能な動きをしたとして自転車の過失相殺率を20％としました【大阪地判平成13・4・19公刊物未登載】。工事現場の誘導員が歩道から工事現場に入っていこうとしたが、突然後ずさりして歩道に数歩進出してきて、歩道進行中の自転車運転者に接触したという

4　『赤い本（2014年版）下巻』113頁

事案です。仮に誘導員のみが負傷した場合に、誘導員に80％もの過失相殺がなされたかは疑問です。

また、店舗の宣伝用の旗竿を歩道上に突き出したところ、自転車の前輪にその旗竿が挟まって自転車が転倒したという事案【大阪地判平成17・6・22公刊物未登載】では自転車運転者に過失はないとされました。ただし、本事案を自転車と歩行者との事故といえるかどうか疑問もあるところです。

また、団地内で遊んでいた子どもが車の陰から団地敷地内道路に飛び出したところ、走行していた自転車と衝突し、自転車運転者が左大腿骨頸部骨折により後遺障害併合7級相当と認定された事案では、自転車の過失相殺率が50％とされました【東京地判平成17・11・28交民38巻6号1575頁】。

このように、自転車運転者が被害者となった事故で自転車の過失相殺率が50％以下とされた（歩行者の過失の方が自転車よりも大きいと判断された）裁判例は、歩行者に予測不可能な行動があったことを前提とするものが多いようですが、数は多くはありません。

（中村直裕）

34

加害者が子どもや高齢者の場合の過失相殺

Q 高齢の父が自転車を運転し、歩行者にぶつかりけがをさせました。損害賠償を請求されましたが、高齢という理由から父の過失や責任が軽くなったりはしないのでしょうか？

1 はじめに

　交通事故における過失相殺率の基準とされている、『別冊判例タ38号』や『赤い本』では、歩行者が児童・高齢者の場合には、判断能力や行動能力が低いといえるので、これを特に保護する必要があるとして、過失相殺率を減算修正することとしています。

　基準の中身を見ても、事故状況に応じ、歩行者が児童・高齢者の場合、あるいは児童・高齢者が自転車運転者の場合には、5％ないし10％の修正がなされています。

　ただし、これは、児童であったり高齢である歩行者・自転車運転者が、被害者となった場合の修正です。歩行者や自転車運転者が加害者となる事故については「基準外」とされているという点は注意が必要です〔⇒Q30、31〕。

　それでは、自転車運転者が児童・高齢者で、事故の相手方（歩行者や自転車）が被害者となった場合にも、同様に、児童・高齢者に有利に減算修正すべきでしょうか。また、幼児が自転車運転者であった場合も減算修正すべきでしょうか。

2 加害自転車の運転者が児童・高齢者であった場合

　児童・高齢者については、判断能力や行動能力が低いことから、これを特に保護する必要があるという考え方を徹底すれば、児童・高齢者が自転車運転者で事故の相手方を負傷させたような場合にも、児童・高齢者の過失をやや有利に修正するという考え方もあるかもしれません。

しかしながら、前述のように、過失相殺基準とこれに基づく児童・高齢者修正は、これらの者が被害者となった場合に適用となるものです。
　また他方で、四輪車同士の事故や単車と四輪車との事故については、被害者が高齢者であっても、高齢者修正はなされません。これは、四輪車や単車という加害の危険性の高い乗り物を利用する者は、十分な判断能力や行動能力を持っているべきで、この能力が低いことが運転者の過失を軽減する要素としては考慮しない、という考えによるものです。
　自転車も軽車両であり、歩行者との関係では加害の危険性が高い乗り物であることを考えると、被害者である歩行者との関係では、自転車運転者が児童・高齢者であることをもって、自転車運転者に有利に解することは妥当ではないとの考え方に説得力があるように思われます[5]。
　『別冊判タ38号』132頁は、後者の考え方に立ち「自転車運転者が児童や高齢者等であることは、加算要素とはしていない。自転車という他者に対して危険を及ぼし得る交通手段を利用している者が、自らの危険管理能力の欠如を理由に責任を減ぜられることを正当化することは困難であるし、そもそも自転車は児童や高齢者等によっても比較的容易に操作可能であるからである。」としています。
　この点、『過失相殺の分析』に取り上げられた裁判例を見ると、歩行者と自転車との事故で歩行者が負傷等した場合に、自転車運転者が児童・高齢者であったことを自転車運転者側に有利な事情として明確に考慮した事例は見あたりませんでした。
　他方、自転車同士の事故については、【東京地判昭和58・4・28交民16巻2号585頁】が、一方当事者が「当時満14歳の少年であったこと」を有利に斟酌しても、他方当事者の「過失割合は4割を超えることはない」という形で、過失相殺を考慮するにあたり14歳男子の年齢を斟酌しています。とはいえ、この裁判例では、結局は14歳男子の過失の方を大きいとしており、本当に14歳という年齢を減算要素として考慮したのかははっきりしないところです。

---

[5]　『赤い本（2014年版）下巻』117頁以下参照

3 当事者双方が児童・高齢者の場合

　自転車同士の事故で、当事者双方が児童又は高齢者であった場合に、被害者となった一方のみについて、児童・高齢者であることを有利に斟酌することが公平といえるかは疑問のあるところです。

　他方、歩行者と自転車との事故で、歩行者が負傷したような場合に、当事者双方とも児童又は高齢者であったときは、被害者保護と優者危険負担の観点から、歩行者に関してのみ減算修正すべきという考え方もあると思われますが、自転車のスピード等によってはさほど危険性は高いとはいえないことから、歩行者についてのみ減算修正するのは公平ではないという考え方もあるところと思われます。

4 自転車運転者が幼児の場合

　自転車運転者が幼児の場合には、これを保護する必要は児童に比べてさらに高いといえますが、幼児が加害者となった場合にこれを幼児に有利に斟酌すべきかどうかについては、既に述べたところと同様の議論があるところと思われます。

　ただし、小児用の車は、自転車には該当しない場合があり、歩行者と同視できることがありますから注意が必要です（道交2条1項11号・11号の2）。

　また、幼児を一人で自転車に乗せている場合は、親の監督責任が問われることになり、自転車運転者が幼児であることをことさら幼児側に有利に斟酌する必要もない（妥当でもない）とも思われます。

　前掲参考文献における裁判例を見ても、自転車運転者が幼児であった事故の場合には、親の監督責任は当然のように問われており、幼児であることを理由として明確に減算修正した裁判例は見あたりません。

（中村直裕）

35

ノーブレーキピストと過失相殺

Q 私は、日常的に自転車を利用しておりブレーキのないノーブレーキピストを使っています。先日、広路を走行中、一時停止違反で飛び出した主婦の買い物自転車と衝突し、右大腿骨骨折の傷害を負いました。休業補償や慰謝料を請求しようと思いますが、過失割合は、相手に一時停止違反がある以上、私に有利でしょうか。

1 自転車同士の出会い頭事故での過失相殺の原則

　自転車同士の交差点での出会い頭の事故における過失割合は、同じ自転車同士であることから、危険性は対等であると見て、自転車の特性による修正を加えつつ、基本的には、自動車同士の交通事故の例によって検討してもよいのではないかと考えられます。

　しかしながら、一方の自転車の性能が他方に比べて危険性が対等とはいえない場合や、一方の自転車がそもそも違法な自転車である場合には、危険性の高い自転車、違法な自転車に過失を加重し、一般の自転車同士の事故とは異なる過失割合によることが、過失相殺（民722条2項）の制度趣旨である損害の公平な負担の考え方に合致するとも考えられます。

　そこでまず、自転車同士の交差点での出会い頭の事故のうち、一方に一時停止規制があり、これに違反している場合の過失相殺を考え、ついで、ノーブレーキピスト（制動装置不備自転車）の場合を検討します。

2 一方に一時停止違反がある場合の過失相殺

　信号機による交通整理の行われていない交差点における直進車同士の出会い頭の事故において、一方に一時停止の規制がある場合の過失割合は、自動車同士の事故においては、双方が同速度であるとすると基本過失は一時停止

の規制なし側（以下「A側」という）を20％とするのに対して、一時停止の規制のある側（以下「B側」という）を80％とするものとされています（『別冊判タ38号』221頁【104】図）。これは、道交法43条で、「車両等は、交通整理が行なわれていない交差点又はその手前の直近において、道路標識等により一時停止すべきことが指定されているときは、道路標識等による停止線の直前（道路標識等による停止線が設けられていない場合にあつては、交差点の直前）で一時停止しなければならない。この場合において、当該車両等は、第36条第2項の規定に該当する場合のほか、交差道路を通行する車両等の進行妨害をしてはならない。」とされており、B側に、A側に比して高度の注意義務を課するのが妥当と考えられることによります。この場合、A側が減速していなかったとの事情があったとしても、10％程度過失をA側に加重して、A側30％、B側70％とするに留まります（前掲【57】図）。

ただし、自転車同士の交通事故の場合、裁判例を概観すると、減速の有無等の違いがなくてもB側に10％程度有利に過失相殺をしている例が多く見られます[6]。これは、自転車の場合、自動車に比して一時停止規制を十分に遵守していないという社会実態を考慮したものとの見方もあります[7]。

3　ノーブレーキピストの場合

道交法63条の9第1項は、「自転車の運転者は、内閣府令で定める基準に適合する制動装置を備えていないため交通の危険を生じさせるおそれがある自転車を運転してはならない。」としています。これを受けて道交法施行規則9条の3は、1号で「前車輪及び後車輪を制動すること。」、2号で「乾燥した平たんな舗装路面において、制動初速度が十キロメートル毎時のとき、制動装置の操作を開始した場所から三メートル以内の距離で円滑に自転車を停止させる性能を有すること。」という基準を定めています。

ノーブレーキピストとは、ブレーキが両輪ともないか、片輪だけしかない競技用自転車のことであり、この自転車を公道で運転する場合は、明らかに上記の道交法63条の9、同法施行規則9条の3に違反します。

---

[6]　『過失相殺の分析』149頁。『赤い本（2014年版）下巻』126頁以下参照
[7]　『過失相殺の分析』150頁参照

また、ブレーキのない自転車を運転することは、一般的に考えてもとても危険な行為といえます。
　したがって、出会い頭事故において、一方（A側）がノーブレーキピストであり、他方（B側）が普通自転車（道交規9条の2）であった場合の過失相殺の検討にあたってA側の法令違反を考慮しないとするのでは、本来、運転してはならないとされる道交法63条の9第1項、同法施行規則9条の3違反の自転車であることが配慮されないことになり、妥当性を欠くといえます（ノーブレーキピストの場合、ブレーキがないことから高速度で進行していることも多いと思われ、これによる修正も考えられますが、単に速度超過修正をするのみでは足りない場合もあるように思われます）[8]。なお、『別冊判タ38号』は、自転車同士の事故については基準化を見送りましたが、基準化をした歩行者と自転車との事故においては、ノーブレーキピストを自転車の重過失とするとしています（同書134頁）。この考え方は、事故の相手方が歩行者である場合だけでなく、自転車の場合にも妥当するといえるでしょう[9]。
　裁判例においては、一時停止規制のない側（A側）が公道練習用自転車で制動装置が備わっている自転車、一時停止規制のある側（B側）が普通自転車との事例ではありますが、自動車と自転車とでは、免許制度の有無や、重量・機能の差異などから、自動車同士の過失と同等には考えられないとして、過失相殺率をA側55％、B側45％とした一審判決【東京地八王子支判平成14・1・17交民35巻6号1771頁】と、B側の一時停止違反に着目しながらもA側が練習用自転車であっても高速度を出すことのできる自転車であること、公道は本来競輪練習の場ではないことなどから、A側の事故防止についての配慮の必要性を大きく捉え、自動車同士の事故にくらべて大きく修正をしてA側60％、B側40％とした控訴審判決【東京高判平成14・7・31交民35巻6号1764頁】があることが注目されます。ノーブレーキピストは、上記の裁判例における競輪練習用の自転車と高速度走行を目的とした設計・構造であることは同様ですが、上記の裁判例の競輪練習用自転車は制動装置も備わっており、自転車走行自体が道交法違反ではないものでした。これに対し

---

[8] 『赤い本（2014年版）下巻』122頁、123頁等参照
[9] 『赤い本（2014年版）下巻』122頁参照

て、ノーブレーキピストの場合、制動による危険回避ができない点で、制動装置のある競輪練習用自転車よりもはるかに危険であり、そもそも、公道を走ることは許されない性質の自転車です。したがって、上記裁判例におけるA側の過失よりも、さらに大きな過失があるとされる可能性もあるものと思われます[10]。

ただし、ノーブレーキピストであることと事故発生との間に因果関係がなく、あるいは損害の拡大にも何ら寄与していないような場合には注意が必要です。出会い頭ではなく、例えば、低速で車道左側端を走行中に後方から追突された自転車運転者について、道交法違反があることをもってその過失を加重することについては、疑問もあるところです。

また、Aがノーブレーキピストであったとしても、一時規制のある交差点での事故ですから、B側に一時停止違反がある場合にはB側の過失も無視はできませんので、この点のバランスも十分考慮する必要があるでしょう。

（伊豆隆義）

---

10 『赤い本（2014年版）下巻』115頁、122頁等参照

36

無灯火自転車と過失相殺

Q 夜間、無灯火で走行している自転車と衝突した場合の過失相殺の扱いについて教えてください。

1 自転車の灯火義務

　自転車も、夜間、道路では、前照灯、尾灯等の灯火をつける義務があります（道交52条1項）。夜間とは、日没時から日出時までの時間をいいます。

　灯火のつけ方は、都道府県公安委員会が定めることとされており（道交令18条1項5号）、東京都道路交通規則を例にとると、「白色又は淡黄色で、夜間、前方10メートルの距離にある交通上の障害物を確認することができる光度を有する前照灯」「赤色で、夜間、後方100メートルの距離から点灯を確認することができる光度を有する尾灯」をつけること等が定められています（同規則9条1項）。

2 無灯火自転車の過失相殺における扱い

　自転車の前照灯には、暗闇で歩行者や他の自転車などの他の交通の発見を容易にするとともに、他の交通から自転車の存在を発見することを容易にする機能があります。自転車は、自動車等と比べ作動音が小さく、接近が気付かれにくいことからも、とりわけ後者の機能が重要になります。

　『別冊判タ38号』133頁は、自転車と歩行者との事故において、自転車側の過失を加算する修正要素である「自転車の著しい過失」の1つとして、自転車の無灯火を挙げ、類型に応じて5〜10％の修正を行うものとしています（同書【71】〜【97】図）。

　自転車同士の事故においても、夜間、無灯火で自転車を運転することは、相互に相手の発見を困難にする危険な行為であることに変わりはありませんので、『別冊判タ38号』の考え方が同様に妥当すると考えてよいでしょう。

その際、どれくらいの修正を行うかは、相手が歩行者か自転車か、事故発生場所の状況、事故発生時刻、天候、周囲の明るさ、相互の進行方向（対向方向に進行しての衝突か、同一方向に進行しての衝突か、出会い頭の衝突か等）などにより、多少の幅があるものと考えられます[11]。

3 自転車の無灯火を考慮した裁判例

自転車の無灯火が考慮された裁判例として、例えば、自転車と歩行者との事故に関する【名古屋地判平成14・9・27交民35巻5号1290頁】では、「被告は、既にかなり暗くなった時間帯に、薄暗い本件事故現場付近を、無灯火のまま被告自転車を進行させていたのであり、この点も、自転車運転者としての基本的注意義務を怠ったものであり、被告が亡Aを視認するのを困難にしていたとともに、亡Aから被告自転車を視認するのも困難な状況にし、…本件事故惹起の重要な要因をなしていたものというべき」として、自転車の無灯火が過失相殺における考慮要素として挙げられています[12]。

（九石拓也）

---

[11] 『赤い本（2014年版）下巻』123頁等参照
[12] 他に自転車の無灯火を考慮した裁判例として、歩行者と自転車との事故に関し、【大阪地判平成8・8・27交民29巻4号1211頁】【大阪地判平成8・10・22交民29巻5号1522頁】【東京地八王子支判平成13・9・14交民34巻5号1268頁】、自転車対自転車の事故に関し、【東京地判平成19・5・15交民40巻3号644頁】等。

37

片手運転等と過失相殺

Q 先日、自転車のハンドルにリードをつけて、自転車を運転しながら犬の散歩をしていた際、背後から私を追い越そうとしていた自転車が犬のリードに引っかかってしまい、私も背後の自転車も転倒し、背後の自転車の運転者は、頭部を打って意識不明となってしまいました。過失の大半は後ろの方にあると考えてよいでしょうか。

1 同一方向に走行している自転車同士の事故の場合の基本過失

　危険性が対等な自転車同士の事故については、基本的には自動車同士の事故における過失割合が参考になります。このことは、同一方向に走行している自転車同士の事故でも同様と思われます。

　ただし、自転車の場合、自動車のようにバックミラーが通常装着されていないことから、前方走行車両の運転者にとり、後方視認は困難であり、他方、方向指示器もなく、腕による進路変更の合図（道交53条1項・2項、道交令21条）も十分になされていない実態があることから、後方走行車両の運転者にとっては、前方車の動静予測について、判断の難しさがあります。

　この点について、【東京地判平成12・12・15交民33巻6号2018頁】は、「自転車は、自動車とは異なり、①後方確認の方法が目視に依らざるを得ないために必ずしも容易ではなく、②自転車は直進及び右左折の機敏な運転操作が可能な乗り物であることからすると、先行車両が直進するであろうと予測する後続車両の運転者の期待について、自転車と自動車とで同等に評価するのは相当ではない。かえって、後続自転車の運転者が前方自転車の動向を含む交通状況全般を比較的時間的なゆとりをもって目視できる立場にあり、状況次第では機敏に対応して適切に運転走行したり、ベル等で警鐘を促したりす

ることを容易になし得ることからすると、先行左折車の左折方法の不適切をもって、自動車同士の同種事故事例と同様の過失割合を基本とすることは必ずしも相当ではないというべきである」として、後方走行車両の運転者の注意義務を重くみて、前方走行車両が、左後方の確認不十分なまま左折したところに後方走行車両が衝突した事案について、過失割合を50％ずつとしています。

　また、単なる追い越しの場合は、先行走行車両の運転者に何らかの結果回避義務違反が認められる場合でも、その過失割合は10～20％に留まり【東京地判平成16・12・6『過失相殺の分析』385頁】、一般的には、先行走行車両の過失は認定されづらく、先行走行車両0％に対し、後方走行車両100％とされる場合が多いと思われます（『過失相殺の分析』163頁。なお、追い抜きのための並走中の事故について『赤い本（2014年版）下巻』143頁参照）。

2　自転車のハンドルにリードをつけての運転

　ところで、自転車の運転者は、「当該車両等のハンドル、ブレーキその他の装置を確実に操作し、かつ、道路、交通及び当該車両等の状況に応じ、他人に危害を及ぼさないような速度と方法で運転しなければならない。」とされています（安全運転義務。道交70条）。ハンドルにリードをつけて犬を散歩させながらする運転は、道交法70条違反であり、違法な運転態様であるといわざるを得ません。

　また、道交法71条6号は、「前各号に掲げるもののほか、道路又は交通の状況により、公安委員会が道路における危険を防止し、その他交通の安全を図るため必要と認めて定めた事項」を車両運転者の遵守事項としていますが、例えば、東京都道路交通規則8条には、道交法71条6号の遵守事項の1つとして、「傘を差し、物を担ぎ、物を持つ等視野を妨げ、又は安定を失うおそれのある方法で、大型自動二輪車、普通自動二輪車、原動機付自転車又は自転車を運転しないこと。」を定めており（同規則8条(3)）、犬を引くためにリードをつける行為は、「安定を失うおそれのある方法」に該当すると思われます。

　そのため、本問の自転車のハンドルにリードをつけ、犬の散歩をしながら自転車を走行する行為は、道交法に違反する違法な行為態様ということがで

きるでしょう。

このような場合、自転車運転者の過失を検討するにあたっては、通常の態様の過失割合に比べ、ハンドルにリードをつけて運転していた側に大きく過失を加重するべきと考えられます[13]。

なお、『別冊判タ38号』は、自転車同士の事故については基準化を見送りましたが、基準化をした歩行者と自転車との事故においては、傘を差すなどしてされた片手運転（道交70条）を自転車の著しい過失とするとしています（同書133頁）。この考え方は、事故の相手方が歩行者である場合だけでなく、自転車の場合にも妥当するといえるでしょう[14]。

3 本問での考え方

本問では、先行車両の運転者には、自転車の後方の確認がしづらいとの特性を考えれば、後方走行車両が、貴方の自転車を追い越しする際に生じた事故の基本過失としては、先行走行車両の貴方は0％、後方走行車両の運転者が100％であると見てもよいと思われます。

しかしながら、本問では、先行車両は、ハンドルにリードをつけて犬の散歩をしながら運転をしており、しかも、後方走行車両が追い越しの際にこのリードに引っ掛かり、転倒したとの事案であり、違法な行為態様が事故の原因となっています。そうすると、その点で、先行車両にも相応の過失を認めざるを得ないと思われます。

(伊豆隆義)

---

13 『赤い本（2014年版）下巻』119頁以下参照
14 『赤い本（2014年版）下巻』120頁参照

38

積載違反と過失相殺

Q 買い物袋を自転車の左右のハンドルに引っかけて走行していたところ、後ろから来た自転車に追突され、転倒して手をつき、右手首を骨折しました。加害者に損害賠償請求をした場合、過失相殺はなされるのでしょうか。

1 自転車同士の追突事故の場合の基本過失

　追突事故の場合、四輪車同士の事故においては、基本的には被追突車には過失がなく、追突者の前方不注視や車両距離不保持の一方的過失によるものと考えられています。したがって、一時停止の規制に従って停止していた車両や渋滞中の理由で停止していた車両に他の車両が追突した場合の基本過失は、追突車100％：被追突車0％ということになります（『別冊判タ38号』294頁）。

　同一方向に進行する自転車同士の事故においても、先行車の走行不安定性と衝突回避が困難なこと、後続走行車両の視認可能性と回避可能性を考慮すれば、走行中の追突であっても、基本過失を追突車100％：被追突車0％とすることに合理性があると思われます（『過失相殺の分析』171頁）。

2 自転車のハンドルに荷物をかけての運転・過積載等での運転

　ところで、「車両の運転者は、運転者の視野若しくはハンドルその他の装置の操作を妨げ、後写鏡の効用を失わせ、車両の安定を害し、又は外部から当該車両の方向指示器、車両の番号標、制動灯、尾灯若しくは後部反射器を確認することができないこととなるような乗車をさせ、又は積載をして車両を運転してはならない。」とされています（道交55条2項）。自転車も道交法上の車両ですので（同2条1項8号・11号）、この規制の対象となります。

そこで、本問の自転車のハンドルに買い物袋を提げて自転車を走行する行為が、「ハンドルその他の装置の操作を妨げ」る行為といえる場合には、道交法に違反する違法な行為ということができます。

また、そもそも、「車両の運転者は、当該車両の乗車のために設備された場所以外の場所に乗車させ、又は乗車若しくは積載のために設備された場所以外の場所に積載して車両を運転してはならない。」(同55条1項)ことから、ハンドルに買い物袋を下げても、ハンドル操作を妨げないとしても、道交法違反の積載方法といえます。

さらに、本問では買い物袋の重量や大きさについて詳細は不明ですが、荷台に荷物を乗せた場合の積載の重量・方法については、「公安委員会は、道路における危険を防止し、その他交通の安全を図るため必要があると認めるときは、軽車両の乗車人員又は積載重量等の制限について定めることができる。」(道交57条2項)ことから、各都道府県の公安委員会が積載方法や積載重量の制限を定めており、重量が重すぎたり（東京都道路交通規則では30kg。同規則10条(2)ア）、長さ（同規則同条(3)アでは積載装置＋30cm）、幅（同規則同条(3)イでは積載装置の幅＋30cm）、高さ（同規則同条(3)ウでは2m－積載する場所の高さ）を超えたり、前後（同規則同条(4)アでは30cm）・左右（同規則同条(4)イでは15cm）のはみ出し規制を超えた荷物を運ぶ場合、道交法57条2項・公安委員会規則に違反する場合もあります。

以上のように、ハンドルに荷物をかけての運転については、道交法違反となる可能性があります。

ただし、違法行為があったとしても、これを過失相殺における「過失」として評価できる（修正要素として考慮できる）のは、当該法規違反と事故との間に因果関係がある場合であるという考え方が一般的です（自動車事故についての過失相殺基準である『別冊判タ38号』44頁でも、無免許運転や酒酔い運転等の違法行為について、他の修正要素と同様、事故と相当因果関係がある場合に考慮すべきとしています）。

本問において、ハンドルに荷物をかけて不安定な走行をしていたために追突されたといえる場合、あるいは重量のある買い物袋を下げていなければ転倒しなかったといえる場合には、右手首の骨折もなかった可能性もあり、過失相殺における「過失」として考慮される可能性も十分にあると考えられま

す[15]。

3 本問での考え方

　本問では、先行車両には後方の確認がしづらいという自転車の特性を考えれば、後続車両が、先行車両に追突することにより生じた事故の基本過失としては、先行走行車両が０％、後続車両の運転者が100％であると見てもよいと思われます。

　しかしながら、本問では、先行車両はハンドルに買い物袋を下げて運転をしており、そのために後続車両が追突したときバランスを崩してしまったと判断される可能性も十分あります。

　追突事案ということを考えると、大きく過失相殺するまでには至らないと思われます。それでも、先行車両に多少の過失を認めざるを得ないのではないでしょうか。

　なお、この点、後方走行車両が同様に買い物袋を提げていたとしても、このことと事故との間に因果関係があるかどうかは不明であり、結論に大きな差異はないと思われます。

（伊豆隆義）

---

[15] 『赤い本（2014年版）下巻』121頁以下参照

39

運転中のイヤホンの使用と過失相殺

Q 自転車運転中に、交差点で自転車と出会い頭に衝突し、相手がけがをしてしまいました。被害者はイヤホンで音楽を聴きながら自転車を運転していて、私がベルを鳴らしたのに気が付かなかったのですが、被害者に過失は認められないのでしょうか。

1 イヤホンの使用について

イヤホンで音楽を聴きながら自転車を運転することは、周囲の音が聞こえなかったり、注意が散漫になったりして、安全運転上問題があると考えられます。

自転車の運転者には、安全運転義務があり、道交法70条は、「車両等の運転者は、当該車両等のハンドル、ブレーキその他の装置を確実に操作し、かつ、道路、交通及び当該車両等の状況に応じ、他人に危害を及ぼさないような速度と方法で運転しなければならない。」と規定しています。

また、道交法71条は、車両運転者の遵守事項を定めており、同条6号では「道路又は交通の状況により、公安委員会が道路における危険を防止し、その他交通の安全を図るため必要と認めて定めた事項」を守らなければならないとされています（違反については罰則が適用されます）。

例えば、道交法71条6号を受けて、東京都道路交通規則は車両の運転者の遵守事項を定めており、その中でイヤホンについては「高音でカーラジオ等を聞き、又はイヤホーン等を使用してラジオを聞く等安全な運転に必要な交通に関する音又は声が聞こえないような状態で車両等を運転しないこと。ただし、難聴者が補聴器を使用する場合又は公共目的を遂行する者が当該目的のための指令を受信する場合にイヤホーン等を使用するときは、この限りでない」と定めています（同規則8条(5)）。

同様の規則は、他の都道府県でも定められているようです。

2 警音器の使用について

　道交法54条1項では、自転車の運転者は、左右の見とおしのきかない交差点、見とおしのきかない道路の曲がり角又は見とおしのきかない上り坂の頂上で道路標識等により指定された場所を通行しようとするときには警音器を鳴らさなければならないとされています。

　また、自転車の運転者は「法令の規定により警音器を鳴らさなければならないこととされている場合を除き、警音器を鳴らしてはならない。ただし、危険を防止するためやむを得ないときは、この限りでない。」（道交54条2項）ともされています。

　したがって、左右の見とおしのきかない交差点など警音器を鳴らすべき場所以外では、危険を防止するためでなければ、むやみに警音器を鳴らしてはいけないということになります。

3 本問について

　自転車同士が交差点で出会い頭に衝突した場合、それぞれが走行していた道路の幅員や形状、速度などにもよりますが、一方だけに過失があるとはいえないことが多いと考えられます。どちらにも一時停止の規制がないような交差点での出会い頭事故については、自動車同士の過失相殺基準（『別冊判タ38号』215頁）では、左方優先（道交36条1項1号）の規定を考慮し、左方車対右方車の過失割合を40％：60％としていますが、自転車同士の場合、左方優先という交通ルールを知らない運転者も少なくないということ等から、双方の過失割合を左方車45％：右方車55％、あるいは50％：50％とする考え方も有力です。

　さらに、本問では、左右の見とおしのきかない交差点では警音器を鳴らすべきですから、一方が警音器を鳴らしたのに、相手がイヤホンで音楽を聞いていたため気が付かなかったということであれば、イヤホンをつけていた運転者の方の過失がより重いとされる可能性もあるでしょう。

（鹿士眞由美）

40

サドルの高い自転車の運転と過失相殺

Q 自転車同士で衝突し、相手がけがをしました。被害者はサドルの高い自転車に乗っていたためバランスを崩して転倒したのですが、被害者に過失は認められませんか。

1　自転車の正しい乗り方

　自転車に安全に乗るためには、身体に合った自転車に乗ることが必要です。自転車にまたがったときに足が地面につかないようなサドルの高い自転車に乗っていると、バランスを崩して転倒する危険が大きいといえます。サドルの高さは、またがったときに両足先が軽く地面につくように調節するのがよいといわれています。

　また、自転車に乗る際の履物については、げた、サンダル、ハイヒールなどはバランスを崩しやすいため、やめた方がよいでしょう。服装については、裾の広いズボンはチェーンに引っかかったり、スカートも車輪に巻き込まれることがあるので避けた方がよいと考えられます。

　自転車の正しい乗り方については、「交通の方法に関する教則」第3章第1節に記載されています（巻末資料参照）。

2　道交法による規制

　教則の指導のうち、飲酒や疲労については道交法65条、66条、反射器材の設置は道交法63条の9第2項に規制があり、違反には罰則規定もあります。また、二人乗りやかさ差し運転は、多くの都道府県の公安委員会の規則で禁止されており、道交法71条6号違反としてやはり罰則規定があります。

　これに対し、サドルの高さや履物に関しては、例えば東京都道路交通規則では規制がありません（車両運転者の履物について、東京都道路交通規則（同規則8条）は、車両運転者の遵守事項として、「木製サンダル、げた等運転操作に支

障を及ぼすおそれのあるはき物をはいて車両等（軽車両を除く。）を運転しないこと。」と定めており（同条(2)）、同様の規定は各都道府県でも定められているようですが、自転車は軽車両にあたりますので、自転車にはこの規定の適用はないことになります）。

　これは、酒気帯び運転やかさ差し運転などは、これによって他人に危害を及ぼす可能性が高いのに対し、高いサドルの自転車運転やげたやハイヒールを履いて自転車を運転することは、他人に対する危険というよりも、転倒の可能性が高いなど、運転者自身にとっての危険という側面が大きいためと思われます。もっとも、運転操作に支障を及ぼすおそれのある履物が禁止されるのは、木製サンダルやげたのような履物は足に対する固着性を欠き脱げやすく、運転操作の過程で履物の離脱に気を取られたり、実際に脱げたりしてペダル操作を誤るなどの危険があるためです。このような運転操作上の危険性については、自転車においても同様とも考えられるところです。

　したがって、道交法や都道府県の規則で規制されていない行為であっても、自らの危険な行為によって運転者自身がけがをした場合には、被害運転者自身にも過失があるとして、過失相殺の1つの考慮要素になり得ると考えられます。

3　本問について

　被害者がけがをした原因が、サドルの高い自転車に乗っていたためバランスを崩して転倒したことによるとすれば、過失相殺の要素として考慮されることがあるでしょう。裁判例においても、交差点における自転車同士の非接触事故で転倒してけがをした事案で、けがをした自転車の運転者が身長に比して不安定なサドルの高さの自転車に乗っていたことを過失相殺で考慮した例【東京地八王子支判平成13・6・14交民34巻6号1808頁】や自転車同士がすれ違う際に接触して被害者が信号機の鉄柱に顔をぶつけてけがをした事案で、被害者が両足が地面につかないようなサドルの高さの自転車に乗っていたことを過失相殺において考慮した例があります【東京地判平成19・3・5公刊物未登載】[16]。

（鹿士眞由美）

16　公刊物未登載の裁判例については、『過失相殺の分析』を参考にしてください。

41

被害歩行者側の修正要素

Q 歩行者と自転車との事故で歩行者がけがをしたときの過失相殺の考え方については【Q31】で教えてもらいましたが、被害歩行者側の事情によって修正されることはありますか。具体的な修正要素について教えてください。

1　修正要素について

　『別冊判タ38号』129頁以下では、歩行者と自転車との事故類型が新設され、過失相殺基準とその修正要素が示されました。また、『過失相殺の分析』では類型毎に修正要素を検討しています。被害歩行者側の修正要素については、これらの文献も参照して下さい。以下には、主要な点について解説します。

2　被害歩行者側の要保護者修正

　歩行者と自転車との事故においても、通常人より自己の安全を確保する能力が低い、幼児・児童・身体障害者・高齢者等を保護すべきことは、自動車事故の場合と同様に考えられます。したがって自転車事故で被害者となった歩行者が幼児・児童・身体障害者・高齢者等である場合には、歩行者に有利な修正をすることになります（『別冊判タ38号』131〜132頁）。例えば【大阪地判昭和56・12・22交民14巻6号1452頁】は道路を横断しようとした76歳の女性が道路を直進進行中の自転車と衝突した事故につき「原告の年齢」を過失相殺の考慮要素として明示しています。

3　歩道上・路側帯上の事故における修正要素

　歩道上・路側帯上の歩行者と自転車との事故については歩行者の基本的過失相殺率を0％とする裁判例が多いようです［⇒Q31 **2**］。『別冊判タ38号』

は、歩行者と自転車との事故について過失相殺基準を新設し、その中で、歩道上や路側帯上での事故における被害歩行者の基本過失相殺率を0％としています。(同書【87】～【90】図)。もっとも、歩道を通行することが許されている普通自転車との関係では、自転車が車道寄りを通行し、歩行者がわずかに注意すれば事故を回避できた場合は、若干の過失相殺を考慮することになろうとされています(『別冊判タ38号』184頁)。また、歩道上・路側帯上での事故であっても、事故発生につき歩行者に信義則上の義務違反が相当高度に認められるような場合(予想外のふらふら歩き、急な方向転換等)には、歩行者に不利に修正して、ある程度の過失相殺ができると考えられるでしょう(『別冊判タ38号』132頁)。

他方、路外から歩道や路側帯に入ってきた歩行者とその歩道を直進進行中の自転車とが衝突した事故類型については、進入する歩行者に基本的に何らかの注意義務違反(基本過失)を認めるべきという見解もありますが、歩道という性格を重視して歩行者の過失相殺率は0％でよいとした上で、歩道への歩行者進入がおよそ予想できない状況下であった場合等に初めて歩行者に不利に修正すれば足りるという見解もあります。

これについて『別冊判タ38号』は、後者の見解に立ち、「歩道又は路側帯においては、歩行者の通行が保護されるから」「原則として、歩行者は過失相殺をされることはないというべきである。ただし、歩行者にも不注意や事故の危険性を高める挙動が認められる場合には、相応の過失相殺を認めるのが相当である。」としています(同書199頁)。そして、歩道上では、歩行者は自転車に対して注意を払う義務を負っていないけれども、歩道通行を許されている普通自転車が、適切に歩道を通行している場合(歩道の中央から車道寄りの部分又は普通自転車通行指定部分を徐行している場合、又は通行しようとする歩行者がない普通自転車通行指定部分を歩道の状況に応じた安全な速度と方法で進行している場合)に、「歩行者がわずかに注意すれば事故を回避することができたのに、予想外に大きくふらつくなどして、普通自転車の進路の前方に急に飛び出し、普通自転車に衝突・接触」した場合には、歩行者に10％不利に修正するとしています(同書200頁)。また、路側帯においては「見とおしの悪い路外施設等から歩行者が飛び出してきた場合のように、歩行者においてわずかに注意すれば事故を回避できるのに、自転車においては

歩行者の存在自体を認識することが容易であるとはいえず、歩行者にも相応の注意が求められる事案では、20％の加算修正をするのが相当」として、10〜20％の修正をするとしています（同書202頁）。

4 横断歩道上の事故における修正要素

　横断歩道上の事故には、横断歩道を横断している歩行者に対して自転車が車道を進行してきた場合、これにも自転車が直進進行の場合と右左折の場合とがあります。また、横断歩道を横断している歩行者に対して自転車も横断歩道を横断してきた場合の事故もあります。歩行者や自転車が従うべき信号機の色は、様々な場合がありますし、信号機がない場合もあります。どのような事故類型であるのかによって、考慮すべき修正要素は変わってきますし、同じ修正要素でも事故類型によって、その重要性に違いが生じることがあります。

　『別冊判タ38号』135〜160頁は、横断歩道上の事故については、大きく自転車が車道を進行している場合と自転車も車道を横断している場合に分け、前者については、考察すべき修正要素として、前記の児童・高齢者等のほかに、幹線道路、直前直後横断・佇立・後退、住宅街・商店街等、集団横断、歩車道の区別なし、を挙げ、後者の場合については、前記の児童・高齢者等のほかに、住宅街・商店街等、急な飛び出し、を挙げています（それぞれの意味については、『別冊判タ38号』131〜134頁を参照）。そして、この類型をさらに信号機の有無などで分類し、その類型毎にこれらの修正要素を考慮するかどうか、考慮するとしてどの程度の割合とするかを定めています。

　『過失相殺の分析』110〜119頁では、大きく、横断歩道を横断中の歩行者と道路を進行中の自転車との事故について信号機の有無で分類し、自転車も横断歩道を横断中の事故について対抗方向か同一方向に進行していたかで分類を行い、前者については、次に述べる夜間修正の可否を検討し、商店街修正として5％程度の減算修正を相当としています。後者については、横断歩道上での立ち止まりなどの不適切行動、歩行者の自転車横断帯横断（なお『別冊判タ38号』160頁は、これを修正要素ではなく、基本過失相殺率において5％と設定しています）を修正要素としています。

　なお、修正要素として、歩行者と自動車との事故においては、夜間である

ことが歩行者に不利な修正要素として考慮される類型があります。しかし、自転車事故の場合には、事故発生時が夜間である場合に、自転車がライトを点けて走行していただけで歩行者に不利に修正するのは妥当ではないでしょう。自転車のライトは自動車に比べて光量が乏しく、自転車を発見しにくいからです。『別冊判タ38号』132頁は、夜間であることを修正要素とはしないとし、他方で自転車が灯火の点灯義務（道交52条1項）に違反して無灯火であった場合には、自転車の著しい過失として減算要素とするとしています。もっとも、自転車がライトを点けて走行していた場合であって、かつ、自転車からは歩行者の発見が容易でないけれども、歩行者が左右の安全を確認すれば容易に自転車の存在を認識でき、事故発生を回避し得たようなときには、歩行者に若干不利に修正できる場合もあると考えられます。

5　車道上又は歩車道の区別のない道路上の事故における修正要素

　歩行者が車道（横断歩道やその付近以外）を横断する場合の基本過失相殺率について、『別冊判タ38号』181頁は、基本過失相殺率を20％とし、修正要素として、幹線道路の場合に歩行者に10％、横断禁止規制ありの場合に5〜10％、直前直後横断、佇立・後退の場合に10％不利に加算修正しています。逆に、住宅街・商店街の場合や歩車道の区別がない道路である場合には、歩行者に5％有利に減算するとしています。

（柄澤昌樹・髙木宏行）

42

被害者側の過失

Q 友人の自転車の後ろに乗って二人乗りをしていたのですが、他の自転車とぶつかりけがをしてしまいました。加害者に損害賠償請求した場合、過失相殺されてしまうのでしょうか。

1　自転車の二人乗りについての規制

　道交法57条2項は「公安委員会は、道路における危険を防止し、その他交通の安全を図るため必要があると認めるときは、軽車両の乗車人員又は積載重量等の制限について定めることができる。」と定めており、これを受けて、都道府県公安委員会規則によって軽車両の乗車人員が定められています。例えば、東京都道路交通規則10条は次のように軽車両の乗車人員を定めています。

（軽車両の乗車又は積載の制限）
第10条　法第57条第2項の規定により、軽車両の運転者は、次に掲げる乗車人員又は積載物の重量等の制限をこえて乗車をさせ、又は積載をして運転してはならない。
　(1)　乗車人員の制限は、次のとおりとする。
　　ア　二輪又は三輪の自転車には、運転者以外の者を乗車させないこと。ただし、次のいずれかに該当する場合は、この限りでない。
　　　(ｱ)　16歳以上の運転者が幼児用座席に幼児（6歳未満の者をいう。以下同じ。）1人を乗車させるとき。
　　　(ｲ)　16歳以上の運転者が幼児2人同乗用自転車（運転者のための乗車装置及び2の幼児用座席を設けるために必要な特別の構造又は装置を有する自転車をいう。）の幼児用座席に幼児2人を乗車させる

とき。

(ウ) 自転車専用若しくは自転車及び歩行者専用の規制（標識令別表第1の規制標識のうち、「自転車専用」又は「自転車及び歩行者専用」の標識を用いた法第8条第1項の道路標識による規制で、当該道路標識の下部に「タンデム車を除く」の表示がされているものに限る。）が行われている道路又は道路法（昭和27年法律第180号）第48条の14第2項に規定する自転車専用道路において、タンデム車（2以上の乗車装置及びペダル装置が縦列に設けられた二輪の自転車をいう。）に、その乗車装置に応じた人員までを乗車させるとき。

(エ) 三輪の自転車（2以上の幼児用座席を設けているものを除く。）に、その乗車装置に応じた人員までを乗車させるとき。

イ 二輪又は三輪の自転車以外の軽車両には、その乗車装置に応じた人員を超えて乗車させないこと。

ウ 16歳以上の運転者が幼児1人を子守バンド等で確実に背負っている場合の当該幼児は、ア（(イ)及び(ウ)に該当する場合を除く。）及びイの規定の適用については、当該16歳以上の運転者の一部とみなす。

　以上のように原則として、自転車には一人で乗らなければならず、二人乗りは禁止されます。教則でも「交通量の少ない場所でも二人乗りは危険ですからやめましょう。ただし、幼児用の座席に幼児を乗せているときは別です。」と定めています。

2　二人乗りと過失相殺

　上記のような都道府県公安委員会規則の規定に違反した二人乗りであった場合に、過失相殺においてどのように考慮されるでしょうか。
　自動車同士の事故において、一方の自動車に同乗していた者がけがをした場合には、基本的には後述する「被害者側の過失」として考慮される場合を除き、同乗者については過失相殺はなされません（好意同乗減額の問題はあります）。事故は双方の自動車運転者の過失によって生じたものであり、同乗者には、事故発生や負傷という結果発生について過失が認められないからです。

自転車の場合も、例えば赤信号無視による事故や、前方不注視のために他の自転車と正面衝突したような事故の場合、基本的に、事故の発生は運転者の不注意（過失）によるものですから、二人乗りが上記規則違反であっても同乗者の過失は問えないといえそうです。
　ただし、違法な二人乗りにより走行が不安定となり、その結果事故が生じたような場合、あるいは転倒等により損害が拡大したといえるような場合には、同乗者自身にも落ち度があるとして、過失相殺において考慮される事情となるでしょう。自転車は自動車と異なり、バランスを崩しやすい不安定な乗り物であり、二人乗りは、同乗者にとってもそもそも危険な行為といえます。そのような危険な行為を敢えて行いけがをした同乗者については、公平の観点からその不注意（過失）を考慮すべきといえるからです。
　都道府県公安委員会規則の規定によって、二人乗りが許容される場合はどうでしょうか。
　許される二人乗りの場合であっても、運転者以外の乗員が暴れたり、運転者の視界をさえぎるなどして、運転者の運転に影響を与え、それが事故の原因となったような場合には、過失相殺される可能性があるといえます。また、運転者が不慣れであったり、運転能力が低く、二人乗りをしたことで制御が適切にできなくなったり、ふらつきなどが生じて不安定な運転となっているにもかかわらず二人乗りを行い、そのために事故が発生したという場合には、二人乗りが許容されている場合であっても、過失相殺を考慮する余地があるでしょう。ただし、同乗者が幼児である場合には、年齢によっては過失相殺能力が問題となります。
　また、同乗者自身には、落ち度がない場合であっても、被害者側の過失として考慮されることがあるでしょう。

3　ヘルメットの不着用

　自動車事故において、同乗していた被害者が法律上義務付けられているシートベルトやチャイルドシートを使用していないときに事故に遭い、そのために被害者の損害（けがの程度等）が拡大したような場合には、被害者（側）の過失として斟酌される場合があります。
　自転車事故における過失相殺においても、ヘルメットの不着用が問題とな

る場合があります。

　すなわち、上記の二人乗りが許容される場合、東京都道路交通規則10条1号ア(ｱ)(ｲ)に該当するときは、運転者が乗せているのは幼児となりますが、この場合、道交法63条の11は、児童又は幼児を保護する責任のある者の遵守事項として「児童又は幼児を保護する責任のある者は、児童又は幼児を自転車に乗車させるときは、当該児童又は幼児に乗車用ヘルメットをかぶらせるよう努めなければならない。」と定めています。幼児自身が自転車に乗る場合や幼児を乗せて二人乗りする場合に、ヘルメットを着用させる義務が生じます。

　これは努力義務ですが、ヘルメットによって頭部を保護している場合とそうでない場合とでは、傷害の程度は相当に異なってくると考えられますので、ヘルメット着用が道交法上は努力義務規定であっても、損害を拡大したと認められる場合には過失相殺における被害者側の過失として、考慮される余地があるといえるでしょう。上記のとおりヘルメット着用は保護者の義務であるため、理論上は、保護者の過失が「被害者側の過失」【最判昭和42・6・27民集21巻6号1507頁】【最判昭和44・2・28民集23巻2号525頁】として考慮されることになるものと思われます。

　　　　　　　　　　　　　　　　　　　　　　　　　（髙木宏行）

4

自転車事故と保険

43

自転車事故と保険

Q 私の大学生の子どもが歩道上で歩行者に衝突してけがをさせてしまいました。多額の賠償金を払うことはできそうにありません。どうしたらよいでしょうか。

1 はじめに

　自転車は軽車両ですから、自転車で歩道を走行していて歩行者と衝突してけがを負わせた場合、自転車に損害賠償責任が発生する場合が多いでしょう。本問では、大学生の子どもが加害者となっていますので、その子が責任を負うことになるでしょう。もっとも、その損害賠償責任を大学生が負担しきれるとは考えにくいところです。そこで保険による対応を検討することになります。

　しかし、自転車は、軽車両ではありますが、自動車保険の被保険自動車にはなりません。

　そこで、個人賠償責任保険や自転車保険に加入していればそれによって対応することになります。

　もっとも、個人賠償責任保険を単独で契約している場合は少なく、他の保険などの特約として契約していることがほとんどですので、加入している保険の特約として、個人賠償責任保険が付帯されているのかどうかをまず調査する必要があります。また、もっぱら自転車事故を対象とした自転車保険や、TSマークに自動付帯している自転車保険もありますので、加入の有無を確認しましょう。なお、スポーツ安全保険の被保険者となっている場合に、スポーツや文化活動に関連して事故を起こしたときには賠償責任保険での対応が可能なケースがあります。

2　個人賠償責任保険・同特約について

　個人賠償責任保険・同特約は、個人の日常生活（ただし自動車運転中等は除く）において損害賠償責任を負った場合に、保険金が支払われる保険です。

　したがって、自転車事故の場合には、業務中を除き、個人賠償責任保険で対応することになります。

　この保険は、自動車保険、火災保険、傷害保険、生協の共済（コープ共済）、大学生協の学生総合共済等の特約として契約している場合が多いので、加入している保険や共済の特約を調査する必要があります。これらの加入があり、特約として個人賠償責任保険を契約していれば、自転車事故による損害賠償責任について、保険金が支払われることになります。また、学校等で団体契約をしている場合もあります［⇒Q 44］。

3　自転車保険

　近年の自転車事故の増加に対応し、自転車保険が販売されるようになってきています。

　これは、実態は個人賠償責任保険ですが、賠償責任のほかに、自転車運転者がけがをした場合に保険金が支払われる傷害保険もセットとなっている保険です。

　加入方法として、例えばコンビニエンスストア（セブンイレブン）での店頭加入（三井住友海上）、インターネット（携帯電話）からの加入（au 損保、ドコモサイクル保険）、などがあります。インターネットで契約内容を確認できる会社もありますので、加入する場合には検討してください。

　また、JCA（ジャパンサイクリング協会）賛助会員を対象とした自転車総合保険（内容は賠償責任と傷害保険）も販売されています［⇒Q 45］。

4　TSマーク保険

　自転車安全整備士による点検、整備を受けた安全な普通自転車であることを示す TS マークに付帯した保険です。

　TS マークに自動付帯している保険で、賠償責任と傷害保険がセットになっています。

ただし、TSマークに記載されている点検日から1年間が保険期間なので、TSマークがついているからといって安心できないため、注意が必要です。また、保険金額が低額であり、被害の程度が大きい場合に多額の損害賠償責任には対応しきれないことがありますので、この点にも注意が必要です〔⇒Q46〕。

5　本問の場合

　本問では、まず個人賠償責任保険・同特約の契約があるのかを確認する必要があります。自動車保険や火災保険などの特約として契約している場合、自転車保険に加入している場合には、保険会社に事故報告をして、その後の対応について説明を受けてください。また、自転車通学を認めている学校では団体契約をしている場合もありますので、その確認も必要でしょう。お子さんが大学生とのことですので、大学生協の共済に加入しているかどうかも確認しましょう。なお、賠償責任保険が複数契約されていた場合には、通常は、保険会社間で、どの保険会社が主として対応するのか話し合って決める場合が多いといえます。

　また、加害者自身が契約している自動車保険・火災保険・傷害保険等がなくとも、その同居の親族が契約している保険がある場合には、その個人賠償責任保険が使える場合があります。

　個人賠償責任保険は、ほとんどの場合、

① 　記名被保険者（契約者本人であることが多い）
② 　記名被保険者の配偶者
③ 　記名被保険者又はその配偶者の同居の親族
④ 　記名被保険者又はその配偶者の別居の未婚の子（一人暮らしをしている学生等）

を被保険者としているためです。

　したがって、加害者本人の保険だけではなく、同居の親族や未婚の場合は別居の親の保険についても調査してみる必要があります。

（中村直裕）

44

個人賠償責任保険等

Q 個人賠償責任保険とはどのような保険で、自転車事故の場合にはどのように支払われるのですか。

1 個人賠償責任保険の内容と契約形態

　個人賠償責任保険とは、個人が日常生活において第三者の生命・身体・財物に損害を与え法律上の損害賠償責任を負った場合に、個人が負担した場合に生じる経済的損失を塡補する保険です。

　個人賠償責任保険の保険料は低額であるため、特約として、自動車保険・火災保険・傷害保険等に付帯して販売されていることが多いといえます。

　したがって、個人賠償責任保険での対応が必要な場合、その加入の有無を確認するには、これらの保険契約の特約として付帯されていないかどうか確認することが必要です。特に忘れられがちなのは、賃貸アパート入居の際、不動産管理会社から契約を勧められることが多い保険期間2年の家財の火災保険です。この火災保険は、通常、個人賠償責任保険特約（階下への漏水事故でよく使われます）と借家人賠償責任保険特約（大家に対する借家人の賠償責任を補償）がセットになっていますが、賃借人は、火災保険に加入したことさえ忘れている場合があるので要注意です。また、各自動車保険の特約以外に、生協の共済（日本生活協同組合連合会のCO・OP共済）や大学生協の学生総合共済、スポーツ安全保険の一内容としてセットされている場合があります。

　なお、クレジットカードに自動付帯されている場合もありますので、確認してください。

2 事故発生後の対応方法

　自動車保険等の特約として契約されている場合には、保険会社や契約内容

にもよりますが、自動車保険と同様に示談代行サービスがついており、保険会社担当者が被害者と交渉し、示談代行が可能な場合もあります。また、仮に訴訟となっても、加害者が弁護士費用を自己負担する必要がない場合もあります。

これに対し、示談代行サービスがついていない場合には、保険会社等が示談代行をすることはできませんから、契約者が自ら相手方との窓口にならざるを得ません。そして、問題が発生する都度、保険会社担当者から説明を受けて対応することになります。ただし、相手方が訴訟等の法的措置をとった場合には、弁護士費用については保険会社が負担できる場合もあります。

3 事故発生後の問題点

(1) 被害者の場合

自転車事故には自賠責保険の適用がなく、保険加入も強制されていません。特に、加害者の資力が乏しい場合には、個人賠償責任保険や自転車保険等がないと、適切な賠償が受けられなくなってしまいかねません。そこで、加害者には、利用できる保険を探すよう促す必要があります。

また、事故の賠償義務者を幅広く検討することも必要となるでしょう。

なお、後遺障害が発生した場合でも、自賠責保険における後遺障害の認定という制度はありません。このため、後遺障害が発生し、その程度に争いがある場合には、最終的には訴訟において後遺障害の程度を認定してもらう必要が出てくることがあります。被害者側としては、立証の負担は大きくなります。

(2) 加害者の場合

前述した個人賠償責任保険等の有無を調査することが必要です〔⇒Q43〕。

なお、被害者にも過失が認められると思われる場合でも、被害者への常識的な範囲でのお見舞い等は必要でしょう。

(中村直裕)

45

傷害保険

Q 傷害保険や人身傷害保険は自転車事故の場合にも使えるのでしょうか。

1 自転車運転者・搭乗者、歩行者に関する保険

　自転車事故により自転車運転者・搭乗者あるいは歩行者がけがをした場合に、相手が賠償責任保険に加入しておらず、相手に賠償資力もないときには、治療費等を支払ってもらえないことになりかねません。

　また、自転車に乗っていた運転者や同乗者も、自転車が転倒するなどしてけがをする場合もあります。仮に賠償請求できる加害者がいる場合でも、実際に賠償金を支払ってもらえるかどうかは、賠償資力や賠償責任保険の有無にかかってきてしまいます。

　加害者に賠償資力も賠償責任保険もない場合であっても、負傷した人自身が被保険者となっている傷害保険があれば、保険金が支払われますので、当面の治療費等をまかなうことができます。傷害保険は、被保険者が、急激・偶然・外来の事故により身体に傷害を受けた場合に、保険金が支払われるものです（保険法2条7号・9号）。自動車保険の人身傷害補償保険や無保険車傷害保険など、損害保険契約のうち、保険者が人の傷害疾病によって生ずることのある損害（当該傷害疾病が生じた者が受けるものに限る）を填補することを約する傷害疾病損害保険契約（同2条7号）と、保険契約のうち、保険者が人の傷害疾病に基づき一定の保険給付を行うことを約する傷害疾病定額保険契約（同条9号）があります。単独の商品として売られている傷害保険のほとんどは後者のタイプです。

2 傷害保険の種類

　傷害保険の商品は実に多くのものがあります。

主なものとして、普通傷害保険、家族傷害保険（日常生活でけがをした場合が対象）、傷害総合保険、交通事故傷害保険・ファミリー交通事故傷害保険（交通事故によりけがをした場合が対象）、国内・海外旅行傷害保険（旅行中にけがをした場合が対象）、自転車総合保険、子ども総合保険、傷害共済等があります。

家族あるいはファミリーという名称が付いている場合には、家族全員が被保険者となっています。家族とは、多くの場合・契約者本人のほか①配偶者、②本人又は配偶者と生計を共にする同居の親族、③同じく生計を共にする別居の未婚の子が含まれます。

また、積立型の傷害保険もあります。

自転車事故によって歩行者あるいは自転車運転者がけがをした場合には、通常、傷害保険の支払い対象となりますので、保険金請求をすることになります。

なお、生命保険は死亡の原因を問わずに保険金が支払われることが多く、自転車事故によって死亡（あるいは高度障害）の結果が生じた場合には、生命保険契約があれば、生命保険金（高度障害保険金）を受け取ることができると思われます。

3　傷害保険の内容

保険会社あるいは保険種類によって、傷害保険の内容は微妙に異なっている場合がありますが、死亡保険金、後遺障害保険金、入院保険金、手術保険金、通院保険金などがあります。通常は、事故から180日以内に死亡した場合には死亡保険金が、同じく事故から180日以内に後遺障害が発生した場合には後遺障害保険金が、入院や通院をした場合には入院保険金、通院保険金が支払われます。

なお、入院・通院保険金は、1日あたりの支払保険金が定められているものと、傷害の部位や症状別に支払われる保険金額が定められているものとがあります。

4　傷害保険と損益相殺

被害者が傷害保険金（生命保険金を含む）を受け取っても、損害賠償額か

らは控除されないとされています【最判昭和39・9・25民集18巻7号1528頁】【京都地判昭和56・3・18交民14巻2号408頁】。

これは、傷害保険金は被害者がすでに払い込んだ保険料の対価としての性質があり、不法行為の原因とは関係なく支払われるからと考えられています。

5　人身傷害（補償）保険

自動車保険に組み込まれている人身傷害保険（被保険者が自動車事故によって死傷した場合、責任の確定や過失割合の決定を待たずに被保険者の過失分も含めて補償を受けられる保険）は、実損填補型の傷害保険と考えられています。

保険会社により対応は異なっているところがありますが、自動車事故だけではなく自転車を含む交通乗用具による事故も対象とするものや、自動車保険の特約として交通事故損害担保特約を設けて自転車事故を対象とするものがあります。

したがって、自身や同居の親族が自動車保険契約を締結している場合には、自転車事故によるけがに対しても人身傷害（補償）保険から傷害保険金が支払われる場合があるので、保険内容の調査が必要です。

6　人身傷害（補償）保険と代位

人身傷害（補償）保険は、保険事故が発生した場合に、まず、自らの保険から損害を填補してもらうというものです。

事故の相手方にも過失がある場合には、保険金を支払った保険会社は、約款上保険代位が認められていますから、事故の相手方に求償できることとなります。

また、相手から実際に賠償を受けた場合には、算定された保険金額から受領した賠償金額が差し引かれる規定もあります。

なお、人身傷害（補償）保険の代位や損益相殺の具体的方法については、【最判平成24・2・20民集66巻2号742頁】【最判平成24・5・29判時2155号109頁】を参照してください。[1]

（中村直裕）

---

[1] 『赤い本（2014年版）上巻』225頁参照

46

TS マーク保険

Q TS マーク付帯保険とはどのような保険ですか。

1　TS マークとは

　TS マークとは、自転車を利用する人の求めに応じて自転車安全整備店の自転車安全整備士が、自転車の点検・整備を行い、その自転車が道路交通法令等に定める安全な普通自転車であることを確認したときに、その証として貼付されるもので、（公財）日本交通管理技術協会（以下「協会」という）が実施する自転車安全整備制度によるものです。TS とは、TRAFFIC SAFETY（交通安全）の頭文字をとったもので、自転車安全整備士とは、協会に登録された自転車安全整備店に勤務する者で、協会が実施する自転車安全整備技能検定に合格したものをいいます。この TS マークには青色 TS マーク（第一種 TS マーク）と赤色 TS マーク（第二種 TS マーク）の２種類があり、付帯保険の補償額が異なっています。

　TS マーク制度は、自転車の定期的な点検・整備を促進して、自転車の安全な利用と、自転車事故の防止に寄与するとともに、万が一事故に遭った場合の被害者救済に資するために設けられたものです。自転車には自動車のような法律上の車検制度はありませんが、TS マークの付帯保険の有効期間が点検の日から１年となっていますので、最低１年に１回の定期点検を促進するという意味では、車検的な内容を持つ制度といってもよいでしょう。

2　TS マーク付帯保険の内容

　TS マーク付帯保険は、TS マークに付帯された保険で、有効期間は、TS マークに記載されている点検日から１年とされています。

　TS マーク付帯保険の内容は、自転車搭乗者が交通事故により傷害を負った場合に適用される傷害保険と、自転車搭乗者が第三者に傷害を負わせてし

まった場合に適用される賠償責任補償がセットになっています。

　青色TSマークには、自転車搭乗者が死亡若しくは重度後遺障害（自賠責保険の1〜4級に相当する場合）となった場合に30万円、15日以上の入院の場合1万円が支払われ、第三者が死亡若しくは重度後遺障害（自賠責保険の1〜7級に相当する場合）となった場合に1000万円を限度として支払われる賠償責任がセットとなっています。

　また、赤色TSマークには、自転車搭乗者が死亡若しくは重度後遺障害（自賠責保険の1〜4級に相当する場合）となった場合に100万円、15日以上の入院の場合10万円が支払われ、第三者が死亡若しくは重度後遺障害（自賠責保険の1〜7級に相当する場合）となった場合に2000万円を支払い限度とする賠償責任がセットとなっています。

　このように、TSマーク付帯保険は、自転車の点検整備を受ける際に手数料を支払って自転車に貼ってもらうTSマークに付帯している保険ですが、保険の内容は、上記のように賠償限度額が比較的低く、かつ傷害保険の内容も低額でシンプルですから、自転車事故が発生した場合に十分な対応ができない可能性があります。しかし、いわば自転車の点検整備をすれば自動的に付帯されるものといえますから、最低限の補償という観点からは有効な保険であるともいえるでしょう。

（中村直裕）

（参考）（公財）日本交通管理技術協会
http://www.tmt.or.jp/safety/index.html

47

健康保険・労災保険

Q 自転車事故の場合、加害者側も被害者側も労災保険や健康保険は使えるのでしょうか。

1 自転車事故と労災保険

　労災保険とは、労働災害、職業病などを被った労働者あるいはその遺族に一定の補償を行う公的制度をいいます。使用者を加入者とし、政府を保険者とする強制保険制度によって災害補償の迅速かつ公正な実施を行うため、労働者災害補償保険法（以下「労災保険法」という）が制定されていますが、これを一般に労災保険といいます。

　労災保険は、「労働者を使用する事業」をすべて適用事業としています（労災保険法3条1項、ただし、5人未満を雇用する農林水産業が除かれています（暫定任意適用事業））。よって事業主が加入手続をしていない場合でも労災保険を利用することができます。なお、国の直営事業、労働基準法別表第1に該当しない官公署の事業は非適用事業とされています（同3条2項）。

　労災保険給付は、療養補償給付（同13条、22条）は全額（自己負担分なし）、休業補償給付（同14条、14条の2、22条の2）は給付基礎日額の6割（特別支給金あり）、障害補償給付（同15条、15条の2、22条の3）は1～7級は年金（特別支給金あり）、8～14級は一時金（特別支給金あり）のほか、遺族補償給付（同16条ないし16条の9、22条の4）、葬祭料（同17条、22条の5）、傷病補償年金（同18条、18条の2、23条）、及び介護補償給付（同19条の2、24条）の7種類です。

　特別支給金については、社会復帰促進等事業（同29条）の一環として、労働者災害補償保険特別支給金支給規則2条に、休業特別支給金・障害特別支給金・遺族特別支給金等（同条1号ないし8号）が定められています。

　自転車事故によって負傷した場合、それを理由に労災保険が適用されない

ということはありません。自転車通勤や業務従事中に自転車で移動していた場合に事故に遭って負傷した場合、通勤や業務従事中に歩行していたところ自転車と衝突するなどの事故が発生して負傷した場合、通勤災害あるいは業務上災害と認定されれば、労災保険による給付を受けることができます。

他方で、上記のような自転車事故では、事故の相手方に損害賠償を請求することができる場合もありますが、損害賠償請求と労災保険の適用を申請するのとでは、まず後者の手続をすることが望ましいといえます。

これは、労災保険を利用するメリットは、特別支給金は損害の塡補とみなされないこと【最判平成8・2・23民集50巻2号249頁】、過失相殺がある場合に費目間流用が禁止されること、治療費について自己負担分がないことにあります。加えて、特に自転車事故の場合には、相手方が個人賠償責任保険等に加入しておらず、賠償資力がない場合でも一定の被害回復をすることができるからです。

なお、相手方がある事故の場合には、労働基準監督署から、第三者行為の届け出をするように依頼があります。

これは、損害に関し相手方と労災保険からの二重取りを防止するためのもので、相手方から賠償を受けていない場合には、労災保険から給付された額を限度として、政府が、被害者が加害者に対して有する損害賠償請求権を代位できるとされています（同12条の4第1項）。また、相手方から賠償を受けた場合にはその限度で労災保険給付を控除（支給停止）できるとされています（同条2項）。

以上のように、労災保険の適用があれば、当面の治療費は被害者が負担しなくてもよくなりますし、休業給付もある程度の金額が支給されますから、相手の賠償資力にかかわらず、治療に専念できることになります。

過失相殺との関係については、過失相殺後控除の取扱がされています【最判平成元・4・11民集43巻4号209頁】。

将来の給付との関係では、支給が未確定なものは控除されない扱いがなされます【最判平成5・3・24民集47巻4号3039頁】（地方公務員等共済組合法に基づく遺族年金の事例）。

労災保険金の遅延損害金への充当については、「そのてん補の対象となる損害は本件事故の日にてん補されたものと法的に評価して損益相殺的な調整

をするのが相当」として元本充当するとされています【最判平成22・9・13民集64巻6号1626頁】。

　もっとも、業務災害あるいは通勤災害とならない場合もあります。その場合には、健康保険を利用して治療をすることになります。

2　自転車事故と健康保険

　自転車事故が発生した場合、健康保険を利用して治療を受けることもできます。

　医療を対象とする社会保険を公的医療保険といい、被用者保険と地域保険の2つに区分され、健康保険は、被用者保険のうち、民間部門の被用者及びその扶養家族を適用対象とするものです。被用者保険には、このほか国家公務員・地方公務員及びその扶養家族、私立学校職員及びその扶養家族を対象とする各種共済組合、船員及びその扶養家族を対象とする船員保険があります。また、地域保険は、被用者保険の適用対象となっていない被用者と、その家族、自営業者等とその家族を適用対象とする国民健康保険から構成されています。

　給付の種類には、療養の給付並びに入院時食事療養費、入院時生活療養費、保険外併用療養費、療養費、訪問看護療養費及び移送費の支給（健康保険法52条1号）、傷病手当金の支給（同条2号）、埋葬料の支給（同条3号）、出産育児一時金の支給（同条4号）、出産手当金の支給（同条5号）、家族療養費、家族訪問看護療養費及び家族移送費の支給（同条6号）、家族埋葬料の支給（同条7号）、家族出産育児一時金の支給（同条8号）、高額療養費及び高額介護合算療養費の支給（同条9号）があります。

　健康保険は、交通事故の場合でも利用することができます。

　健康保険では、保険診療点数が1点10円とされること、その負担が一部にとどまっていること（健康保険法74条1項、国民健康保険法42条1項）、過失相殺前控除とされていることから、被害者に過失相殺される場合には特にメリットがあります。

　もっとも、健康保険の場合には自己負担分がありますから、その部分の支出は発生します。したがって、被害者に過失がないと思われる場合には、自己負担分について相手がすみやかに賠償するよう交渉することが必要となる

でしょう。

　なお、交通事故の場合は健康保険ではなく自由診療でしか対応しないという病院もあるようですが、交通事故であっても、病院は、患者が健康保険を使用するといえば、拒否することはできません。自転車事故の場合には相手方の賠償資力がない可能性もありますので、治療の最初から健康保険を使用した方がよいでしょう。

　なお、自転車事故の場合には、健康保険組合から、労災保険と同様、第三者行為による傷病届を出すよう依頼があります。その目的は労災保険と同じく二重取りの防止です（健康保険法57条1項・2項参照）。

3　本問の場合

　本問では、加害者・被害者いずれも労災保険の適用があれば労災保険適用申請を、労災保険の適用がなければ健康保険を使用して、まず治療を開始することが望ましいでしょう。

　その上で、加害者側が個人賠償責任保険に加入していれば、一定の賠償資力があると思われますから、労災保険・健康保険の支払対象外となる治療費、通院交通費、休業損害、慰謝料等の損害について、資料を揃えて請求していくことになると思われます。

（中村直裕）

5

自転車事故の刑事責任

48

交通切符制度

Q 自転車が道交法違反をした場合に、赤切符を切られることがあるのでしょうか。また、交通反則通告制度とはどのようなものでしょうか。自転車に反則金の制度は適用されますか。

1　自転車に対する道交法上の罰則

　道交法は、第8章（115〜124条）において罰則を定めています。軽車両である自転車にも道交法の規定が適用されますので（道交2条1項8号・11号）、その違反について罰則が定められているものについては、自転車にも罰則の適用がなされます。

2　交通反則通告制度とは

　道交法には、その違反に対する罰則の定めがあり、懲役や罰金の刑事罰が科されます。
　したがって、道交法に違反した場合には刑事罰が科されるのが本来の姿なのですが、大量に発生する車両等の運転者の違反事件について、事案の軽重に応じた合理的な処理方法を採用して、処理の迅速化を図る必要がありました。そのため昭和42年の道交法の改正によって、交通反則通告制度が導入されました。
　この「交通反則制度は道路交通法違反の各罪のうち特に軽微なものにつき、刑事手続の前駆手続として違反者が通告にしたがい制裁金の性質をもつ定額の反則金を納付した場合には刑罰権の発動がなされなくなるという効果を生ぜしめる一種の行政的手続を定めたもの」【仙台高判昭和48・3・30刑月5巻3号231頁】と説明されています。
　この交通反則通告制度によって、軽微な道交法の違反については、反則金

を納付することで刑事罰を受けずに済むという効果が得られます。

この反則行為に該当する違反に対しては、交通反則告知書（交通反則通告書等がセットになっている）が交付され、これが青色の用紙に印刷されているところから、青切符と呼ばれています。これに対して反則行為に該当しない道交法違反については、赤色の用紙に印刷されている告知票（赤切符と呼ばれる）が交付されます。

この反則行為の適用範囲については、道交法125条1項は、重被牽引車以外の軽車両を除くとしているため、軽車両の一種である自転車には交通反則制度の適用がありません。

そのため、自転車の運転者が道交法に違反する行為をした場合には、その犯した違反が軽微なものとされるものであっても、全て本来どおりの刑事罰が科されることになります。

もっとも、最近まで、刑事罰が適用されることは多くはありませんでした。しかし、2011年11月25日に「都内初の罰金命令」（日本経済新聞、ノーブレーキピスト（制動装置不備自転車）による公道走行に対して罰金6000円の略式命令）と題する報道がなされるように、自転車事故の多発を踏まえて取締は一層強化されています。

3　交通切符制度（赤切符）とは

道交法に定める罰則も刑罰法規ですので、それを適用して刑事罰を科するためには、本来、捜査、起訴、裁判といった刑事訴訟手続が採られるのが原則です。

もっとも、大量に発生する道交法違反事件に対処するために、警察庁、最高裁判所、法務省が打ち合わせの上、統一的な書式等を定めて、それによって交通事件即決裁判手続法による即決裁判・略式手続を迅速に行うこととしています。これが交通切符制度であり、「道路交通法違反事件迅速処理のための共用書式の実施について」（昭和43年5月29日警察庁乙交発第5号、警察庁次長から各管区警察局長等あて依命通達、改正：平成6年2月4日警察庁乙交発第3号）に基づく取り扱いです。

この通達では、交通切符の様式、少年事件を家庭裁判所に送致する場合の送致書の様式、交通切符制度の適用範囲、交通切符作成経費、留意事項等に

ついて定めています。交通切符制度の適用範囲については「道路交通法違反事件（人身事故を伴うものを除く。）および自動車の保管場所の確保等に関する法律違反事件のうち、別表（177頁参照）に掲げる違反にかかるものであってかつ、道路交通法第9章反則行為に関する処理手続の特例の適用を受けないものに適用する。ただし、身柄を拘束した事案等で、この制度によって処理することが適当でない違反事件については適用しない。」（第3）としています。

　人身事故を除き、自転車が起こした別表に記載されている道交法違反については、このような交通切符制度により刑事罰が科せられることになります。

（髙木宏行）

〈交通切符制度の対象となる違反〉
1　警察官のする現場指示違反（4条1項、119条1項1号、121条1項1号）
2　警察官のする混雑緩和の措置命令違反（6条2項、120条1項1号）
3　警察官のする通行禁止制限違反（6条4項、119条1項1号、121条1項1号）
4　歩行者の信号無視（7条、121条1項1号）
5　歩行者の通行禁止違反（8条1項、121条1項1号）
6　警察官等のする歩行者の通行方法指示違反（15条、121条1項4号）
7　最高速度超過（30km/h（高速40km/h）以上70km/h（高速80km/h）未満）（22条、118条1項1号）
8　車輪止め標章破損・汚損・取り除き（51条の2第5項・10項、121条1項9号）
9　放置車両確認標章破損・汚損・取り除き（51条の4第1項・2項、75条の8第3項、121条1項9号）
10　積載物重量制限超過（大型等10割以上）（57条1項、118条1項2号）
11　警察官等のする自転車の通行方法指示違反（63条の8、121条1項4号）
12　制動装置不良自転車運転（63条の9第1項、120条1項8号の2）
13　無免許運転（64条1項、117条の2の2第1号）
14　酒気帯び運転（65条1項、117条の2第1号、117条の2の2第3号）
15　警察官のする高速道路等における危険防止等の措置命令違反（75条の3、119条1項12号の2）
16　道路における禁止行為の違反（76条4項3号・6号、120条1項9号）
17　無許可道路使用（77条1項1号・2号・3号、119条1項12号の4）
18　無資格運転（85条5〜9項、118条1項7号）
19　仮免許運転違反（87条2項、118条1項8号）
20　免許証の記載事項変更届出義務違反（94条1項、121条1項9号）
21　道路交通法別表第二の上欄に掲げる違反行為（第62条又は第63条の2第1項に係る部分のうち、運転させた行為及び第63条の2第2項又は第74条の3第5項に係る部分を除く。）
22　自動車の保管場所の確保等に関する法律違反（同法第11条第2項及び第17条第2項第2号に係る部分に限る。）

49

過失傷害罪・過失致死罪

Q 自転車に乗っていて事故を起こして人にけがをさせてしまった場合、どのような罪に問われるのでしょうか。過失傷害罪、過失致死罪とはどのような犯罪でしょうか。

1 自転車事故と犯罪

　自転車事故を起こして、人を傷害させ、あるいは死亡させた場合、自転車であっても犯罪に問われます。過失によって人を傷害させた場合には過失傷害罪（刑209条）、過失によって死亡させた場合は過失致死罪（同210条）、重大な過失によって死傷させた場合は重過失致死傷罪（同211条1項後段）が成立します。

　問題は刑法211条前段の業務上過失致死傷罪について、自転車が事故を起こした場合に適用されるかですが、自転車事故には業務上過失致死傷罪は適用されないと解されています。それは業務上過失致死傷罪にいう「業務」とは「本来人が社会生活上の地位に基き反覆継続して行う行為であつて（略）、かつその行為は他人の生命身体等に危害を加える虞あるものであることを必要とする」【最判昭和33・4・18刑集12巻6号1090頁】と解されていますが、このうち人が社会生活上の地位に基づく行為であるという要件において、自転車は、特に一定の資格や免許を有することなく、誰でも自由に乗ることができるものであって個人的な生活における活動に属するものである点で、社会生活上の地位に基づくとはいえないからです。

　また、自転車事故の際に道交法違反をしていることも多く、その違反について罰則がある場合があります。この場合、道交法違反にも問われます（主な罰則については［⇒Q48］）。

　以下には、通常、自転車事故において問題となる過失傷害罪と過失致死傷罪について見てみます。重過失致死傷罪については、［⇒Q50］をご参照く

ださい。

2　過失傷害罪

　刑法209条1項は、過失傷害罪について「過失により人を傷害した者は、30万円以下の罰金又は科料に処する。」と定めています。法律上の注意義務に違反して行われた行為（過失行為）によって、傷害の結果を惹起した場合に適用されます。法律上の注意義務は、自転車事故に関しては道交法が中心となりますが、慣習や条理を根拠とする場合もあります。

　過失傷害罪（刑209条1項）については、親告罪（同条2項）とされています。この告訴は、被害者（刑訴230条）、法定代理人（同231条1項）、被害者が死亡した場合はその配偶者、直系の親族又は兄弟姉妹（同条2項）、一定の場合の被害者の親族（同232条）が、犯人を知った日から6か月以内に行う必要があります（同235条1項本文）。

3　過失致死罪

　刑法210条は、過失致死罪について「過失により人を死亡させた者は、50万円以下の罰金に処する。」と定めています。上記の過失行為によって死亡の結果を惹起した場合に過失致死罪に問われます。過失致死罪は親告罪ではありません。

4　裁判例

　自転車による事故で、過失傷害罪が問題となった裁判例としては、次のようなものがあります。

(1)　**大阪高判昭和42・1・18【判タ208号206頁】**

　被告人が、氷約70キログラムを後部荷台に積載した足踏み二輪自転車を時速約15キロメートルで運転し、信号機の表示に従って交差点を西から東に向かって進行していたところ、被害者が交差点西側の横断歩道を北から南に向かって横断し、その際右方（西方）を確認せず、また信号機の表示に従わなかったため、被害者が被告人の自転車の左側後部付近に接触して、傷害を負った事案について（以上の事案の概要については、岡部雅人「自転車事故の刑事責任」『姫路法学』52号（140～141頁）、高梨雅夫「自転車による事故」荒木

友雄編『刑事裁判実務体系 5 交通事故』604頁（青林書院、1990年）に依った）、原審が重過失傷害罪としたところ、大阪高裁は次のように判示して過失傷害の責任が生じるに過ぎないと判示し、かつ告訴がないとして公訴棄却としました。

「被告人は信号機の表示に従つて東進すべく交差点西側にある南北の前記横断歩道の手前にさしかかつた際稍斜め左前方約3.1メートルの地点の横断歩道上を北から南に渡ろうとしていた被害者を発見したわけであるが、被告人は原審公判廷でその際被害者は東方を見ていたが、被害者の対面する信号機は赤色の表示であり被害者は左右を見て被告人の自転車に注意してくれるものと思つてそのまま進行を続けた旨供述しており、また捜査段階において被告人は被害者より先きにその前を通過できると思つて進行を続けたと供述していて、前後多少の相違があるが、被害者の対面信号が止まれの表示であるから、被害者が、左（東方）を見た後さらに右方（西方）へも注視を転じて被告人の自転車に気付いてこれを避けてくれるであろうと期待したとしても、あるいはまた被告人が被害者の前を安全に通過しうるものと予想し進行を続けたとしても、被告人が警音機の操作により被害者の注意を喚起しその避譲を促がす処置をしなかつた点において過失があるといわなければならない（原判決は一時停止、徐行または進路の変更を要するといつているが、被告人の自転車に前記のような重量物を積載していたから、急停車、進路の変更は危険であり、徐行も被害者との間隔が三米余に過ぎなかつたことに想到すると、このような措置を期待しうるか否かは甚だ疑わしい）。

然しながら前記のような状況下におけるこの程度の過失は注意義務違反の程度が著しい場合に該当するとは解しがたくむしろ軽過失の責任が生ずるに過ぎないと考えるのが相当である。」

(2) 広島高判昭和42・2・27【判夕235号290頁】

原審が重過失致死を認定したのに対して、過失致死罪を認定した裁判例です。

「被告人は、昭和39年11月11日午前7時40分頃、自転車に乗つて呉市阿賀町A番地B方前の電車軌道の敷設されている歩車道の区別のない道路上を右（南）側に寄つて東進中、前方のC店前路上に三輪貨物自動車が駐車していたので、これを避けて同自動車の左（北）側に進出しようとしたが、

既に手前のD付近で、電車軌道敷南側を西進する多数の大型車両等と並進して対向して来る甲（当時49年）乗用の自転車を、約100メートル前方に認めているのであるから、右三輪貨物自動車の付近で右自転車と擦れ違うかも知れず、同所は右三輪貨物自動車が駐車しているため車両の通行可能な道幅は約2.75メートルしかないので、右自動車の付近で対向自転車と擦れ違う場合は、これに接触する虞があり、その場合相手方がハンドルの操作を誤って転倒し或いは並進する大型車両等と接触するなどして死傷事故が発生するかも知れないので、かかる場合被告人としては、一たん停車するなどして対向する自転車の有無を確認して進行し、もつて接触事故の発生を未然に防止すべき注意義務があるのに、不注意にもこれを怠り、自転車に乗つて慢然右三輪貨物自動車の左（北）側に進出した過失により、折柄同所を対向して来た甲乗用の自転車に自車の左前部を接触させてその操縦を誤まらせ、甲を追い越そうとしてその右（北）側を進行中のE運転の大型貨物自動車の左前車輪と後車輪との間に甲を転倒させて同車左後車輪で甲の頭部、胸部などを轢過せしめ、よつて甲を頭蓋開放性破砕骨折、脳挫傷、脳脱出により即死するに至らしめたものである。」

（髙木宏行）

50

自転車事故と重過失致死傷罪

Q 自転車事故で重過失致死傷罪が適用されることはありますか。自転車事故で重過失致死傷罪が問題となった裁判例を教えてください。

1 重過失傷害罪について

　刑法211条は、「業務上必要な注意を怠り、よって人を死傷させた者は、5年以下の懲役若しくは禁錮又は100万円以下の罰金に処する。重大な過失により人を死傷させた者も、同様とする。」と規定しています（自転車による事故には前段が適用されないことについては［⇒Q49］）。このうち、後段の「重大な過失により人を死傷させた」場合を重過失致死傷罪といい、傷害の場合を重過失傷害罪、死亡させた場合を重過失致死罪といいます。

　重過失致死傷罪（刑211条1項後段）の成否は、加害者に「重大な過失」があったかどうかです。その意義については次のように解されています。

　「重大な過失とは、注意義務違反の程度の著しい場合、すなわちわずかな注意を用いることによって危険性を察知することができ、結果発生を回避できたであろう場合をいい、必ずしも当該行為自体に重大な結果発生の危険性が包含されていて、当該行為者にとくに慎重な態度が要求されている場合に限定する必要はない。」【後記福岡高判昭和55・6・12】。あるいは「重大な過失とは、注意義務違反の程度が著しい場合、すなわち、わずかな注意を払うことにより結果の発生を容易に回避しえたのに、これを怠つて結果を発生させた場合をいい、その要件として、発生した結果が重大であることあるいは結果の発生すべき可能性が大であつたことは必ずしも必要としないと解するのが相当である。」【後記東京高判昭和57・8・10】。

　自転車事故の場合であっても、それが上記のような意味での重大な過失によって起こされることは十分にあります。したがって自転車事故に対して

も、重過失傷害罪は適用されます。問題はどのような場合に、自転車に重大な過失があったとされるのか、ですが、これについては裁判例を見ることにしましょう。

2　裁判例等

　自転車事故に関して、重大な過失の判断が問題となった裁判例については、公刊されているものは少ないので、事例報告も含めて以下の裁判例を紹介します（なお、次の(1)及び(2)の内容は大圖玲子「自転車運転者による交通事故と重過失傷害罪の成否」（『研修』647号）及び岡部雅人「自転車事故の刑事責任」（『姫路法学』52号、122～144頁）に依った。）。

(1)　**仙台高秋田支判昭和44・9・18【高検速報（昭44）16号】**

　自動車であれば前照灯をつけなければ運転できない状況下にあった雨降りの暗い晩に、前照灯破損のため、後部荷台同乗者の照らす懐中電灯で約3メートル前方しか確認できない状態で、被告人が、後部に弟を乗せ下り坂をブレーキをかけずに時速約30キロメートルの速度で自転車の運転を続けたため、道路左側を同一方向に走行中の被害者に追突して傷害を負わせた事案である。被告人が前方の安全を確認できないまま高速度で自転車を運転したことが重大な過失である旨判示されている。

(2)　**高松高判昭和44・11・27【高検速報340号】**

　闇夜、雨混じりの天候の上、事故現場付近には街灯その他による格別の照明がなかった道路を自転車で無灯火で進行した被告人が、対向車の前照灯に眩惑されて一瞬その視力を喪い、自転車を歩行者に衝突させた事案である。被告人が自車の前照灯を点灯させさえすれば、被害者の側でも容易に被告人の自転車の接近に気付き、たやすくこれとの衝突を回避し得たはずであって、被告人が前照灯をつけないで上記の状況下にある道路を進行したのは、自転車運転者として当然に尽くすべき重大な注意義務を怠ったものである旨判示されている。

(3)　**福岡高判昭和55・6・12【高検速報1273号】**

　「被告人は、昭和53年12月15日夕方から当時の被告人方近くの酒店、小料理店等ではしご酒をした後、更に知合いの小料理店に飲みに行くため、飲客から借りたドロップハンドルの自転車（いわゆる軽快車）を運転し、時速

約20キロメートルで原判示交差点にさしかかったが、同所は国鉄小笹駅前の信号機の設置された交差点で進路前方及び左右の見とおしはよく、ことに朝夕は列車利用の通勤者や車両の交通量の多いところであるから、自転車運転者としては信号機の信号に従うのは勿論、横断歩道付近の歩行者の動静を十分注視し安全を確認しつつ進行して事故の発生を未然に防止すべき注意義務があるところ、被告人は同交差点入口直前において対面信号が既に黄色信号を表示しているのを認めながら、あえて同交差点を直進しようとしたが、間もなく右信号が赤色信号に変わり続いて交差道路の信号が青色信号に変わることは容易に予測できたうえ、同交差点に進入後間もなく前方24.3メートルの横断歩道の左側にその対面信号が青色に変わるのを待っている被害者ほか数名の歩行者を認めたのであるから、同人らが青色信号に従って横断を始めることは僅かな注意を払えばすぐ気付くことであり、また運転している車が自転車であるから歩行者らの動静を十分注意しておりさえすれば同人らとの衝突等の危険を容易に避けられたのに、被告人は右の注意義務を怠り漫然同速度でうつむいたまま進行を続けた過失により、同横断歩道上を青色信号に従い左から右に向け横断中の被害者に気づかず自車前部を同人に衝突させて路上に転倒させ、同人に原判示のような傷害を負わせたのであるから、被告人に重大な過失のあったことは明らかである。」

(4) **東京高判昭和57・8・10【刑月14巻7・8号603-618頁】**

「被告人は、車道上を時速約10キロメートルの速度で自転車をけんけん乗りで走行させ、交差点で信号待ちしていた約10名の歩行者が青色信号に従い一団となつて横断歩道内を歩行し始めたところへ、赤色信号を見落し、歩行者との安全を何ら確認することなく、そのまま突込み、その結果当時69歳の老女に自車前部を衝突させて路上に転倒させ、加療約6か月間を要する傷害を負わせたのであり、本件では、証拠上、被告人が自己の対面信号を確認する何らの支障もなかったところ、信号機による交通整理の行われている交差点ないしその直近の横断歩道内に進入するさい信号機の表示に従わなければ事故に至るべきことは当然のことであり、被告人は、わずかの注意を用いることにより赤色信号を確認しえたのは勿論、それを確認しておれば、直ちに停止措置を講ずるなどして横断中の歩行者との衝突も十分に回避しえたと認められるから、被告人に重大な過失のあつたことは明らかである。」

(5) 報告事例1（松山佳弘「自転車による重過失傷害・轢き逃げ事件」『月刊交通』1997年3月、66頁）
① 事案の概要
「被疑者（昭和13年生まれ、女性）は、平成6年12月8日午前9時40分ころ、午前10時から始まる、ある自然食品の販売店で行われる商品説明会に出席してサンプル商品を無料でもらうため、自宅から自転車に乗って出かけた。

被疑者は、同説明会会場まで約1kmの地点まで来たところで、前方から下を向いて眼鏡を拭きながら歩道中央を歩いてくる被害者（75歳、女性）を、その前方約23mの地点に認めた。

なお、この歩道の幅員は約3mあるが、約5mの間隔で歩道の車道側に約1mの幅で街路樹が植えられているため、人や自転車が通行できる幅員は約2mである。

被疑者は、日ごろから自転車で歩道を走行するとき自転車のベルを鳴らして歩行者を避けさせるのを常としており、しかもこのときはできるだけ早く会場に到着して良い席を確保したいという考えを持っていたため、自ら自転車の速度を落として被害者との衝突を回避しようなどという発想はまるでなく、自転車のベルを鳴らして、被害者に退避行動を採らせようとした。

ところが、被害者は、曇った眼鏡を拭くため下を向いて歩いていた上、耳が悪く、被疑者の鳴らしたベルに全く気付かなかったため、退避行動を採らなかった。

被疑者は、自転車のベルを鳴らし続けながら約19km/hの速度で走行し続けたが、被害者が全く退避行動を採らなかったため衝突の危険を感じ、被害者との距離が約2.5mに接近したところで、ようやく自転車のブレーキをかけたが間に合わず、被害者に自転車の前部を衝突させて同人の路上に転倒させ、同人に入院加療約69日間を要する右大腿骨頸部骨折の傷害を負わせ、自らも自転車ごと路上に転倒した。

被疑者は、路上に転倒して『痛い。痛い。』などと言って痛がっている被害者に『どうして前見ていないんだ。』などと怒鳴りつけると、自転車を起こして目的地である商品説明会会場に向かって走りだしたが、約50m走行したところで自転車の前部に装備されている籠の中に入れてあった家の鍵が

無くなっていることに気付き、自転車が転倒したときに落としたものと考え、いったん犯行現場に戻った。
　被疑者が犯行現場へ戻った時点においても、被害者は路上に倒れた状態のまま『痛い。痛い。』と痛みを訴えていたが、被疑者は、被害者に声をかけて様子を見ていた中年男性がいたため、自分が被害者を救助する必要はないものと考え、鍵を捜した後、被害者を救助することなく犯行現場を立ち去った。」

② 　重過失の判断と結果
　「結論として、当たると考えた。
　『重大な過失』とは、注意義務違反の程度が著しい場合をいうと解されているところ、本件では、被疑者は、歩道を約19km/hという、歩道上を走行する自転車としてはかなりの高速で走行していた上、前方から下を向いて歩いて向かってくる被害者を認めながら、ベルを鳴らせば被害者の方で自車を避けてくれるものと一方的に決めつけ、自らは直前に至るまで全く退避行動を採ろうとしていないのであるから、その注意義務違反の程度は著しいと認められた。」
　「平成7年5月22日略式請求し、同月25日請求どおりに略式命令がなされ、同月29日罰金収納、同年6月10日確定した。」

(6) 　報告事例2（大圖玲子「自転車運転者による交通事故と重過失傷害罪の正否」『研修』2002年5月、647号141頁）
① 　事案の概要
　「被疑者は、自転車（長さ1.7メートル、幅0.55メートル、高さ1.05メートル）を運転し、平成13年1月下旬の午後4時ころ、市街地の、信号機により交通整理の行われている交差点に進入・直進（被疑者走行道路は幅員約4.8メートルの歩車道の区別のない道路）しようとするにあたり、対面信号の表示に留意しないまま漫然時速約10キロメートルで進行したため、自転車の通行が許されている左方歩道上から青色信号表示に従って直進・横断してきた被害者（当時62歳）運転の自転車を約3.3メートルの至近距離に至って初めて認め、制動及び右転把の措置をとったが、停止できずに交差点内に進入し、同車前部に自車後輪を衝突させ、同人もろとも路上に転倒させ、よって、同人に加療約3か月間を要する右橈骨頭粉砕骨折の傷害を負わせ

た。」

② 重過失の判断と結果

「①道路を通行する車両や歩行者が信号機の表示する信号に従わなければならないことは、自動車運転者に限らず、幼少時から学ぶ基本的事項であること、②被害者の横断開始前から被害者の対面信号が青色表示をしていたことが認められる本件では、被疑者の側に、それ以前に、少なくとも黄色3秒、全赤2秒の信号の表示があったことになるから、被疑者が信号機の表示を確認してさえいれば、その自転車走行速度等に照らしても、直ちに停車措置を講ずるなどして横断者との衝突を十分回避し得たと認められ、翻って、これだけの時間、被害者が信号機の表示を全く確認していなかったことは注意義務違反の程度が大きいと評価できるなどとして、重過失傷害罪が成立するとする立場が多数を占めた。

実際には、本件では、重過失傷害の被疑事実で検察官への送致がされ、重過失傷害罪での略式命令が確定している。」

(7) 電動アシスト付き自転車の例

近時は、駆動補助機付自転車（道路交通法施行規則39条の3、以下「電動アシスト付き自転車」という。）も増加しており、速度も出やすく、重量もあることから、特に歩道で歩行者との衝突等の事故を起こした場合には、重過失の認定において、重要な考慮要素となると考えられます。

近時経験した事例でも、マンション前の幅広の歩道で（車道とは段差を有し、ガードレールで区分されています。）、幼稚園の園児ら約11名が、その母親ら約10名に連れられて午前8時45分ころからバスが停止する付近で幼稚園バスの到着を待っていたところ、加害者が、電動アシスト付き自転車に乗り、歩道上を14.6km/h〜16.26km/hの高速度で走行してきました。ちょうど幼稚園バスが到着したことから、被害者園児を含む園児らがバスの方向へ進行を開始しましたが、加害者は、速度を落とすことなく歩道上を高速度で走行して、園児の一人を轢過し、衝突後、そのまま立ち去ろうとしたところ、周囲の母親らに止められたという事案があり、重過失傷害罪が認定されました。

(髙木宏行)

51

信頼の原則

Q 信頼の原則とはどういうものでしょうか。自転車の事故についても適用がありますか。

1 信頼の原則の意義

　信頼の原則とは、交通に関与する者が、交通規則に従って行動するときは、特別の事情のない限り、他の交通関与者も規則を遵守して行動するものと信頼してよく、もし他の交通関与者が規則を無視した行動をとったことによって事故を生じても、規則を遵守した行為者は、それに対する責任を問われないとするものです。

　信頼の原則はドイツで発展した法理ですが、日本の裁判実務においても採用されており、【最判昭和41・12・20刑集20巻10号1212頁】は「交通整理の行なわれていない交差点において、右折途中車道中央付近で一時エンジンの停止を起こした自動車が、再び始動して時速約5㎞の低速（歩行者の速度）で発車進行しようとする際には、自動車運転者としては、特別な事情のないかぎり、右側方からくる他の車両が交通法規を守り自車との衝突を回避するため適切な行動に出ることを信頼して運転すれば足りる。」と判示して信頼の原則を採用し、また、【最判昭和45・9・29裁判集刑177号1185頁、判タ253号233頁】も「信号機の表示するところに従つて運転をすれば、他の道路から進入する車両と衝突するようなことはないはずであるから、自動車運転者としては、信号機の表示するところに従つて自動車を運転すれば足り、いちいち徐行して左右道路の車両との交通の安全を確認すべき注意義務はないものと解するのが相当である。」と判示して信頼の原則を採用しています。

　もっとも、最高裁が信頼の原則の適用を認めているのは、車対車、交差点あるいは交差点に準ずる場所での交通事故に限られていると評価する見解もあり（荒木友雄「信頼の原則の限界」同編『刑事裁判実務体系5　交通事故』122

頁（青林書院、1990年））、その適用の限界をどのように考えるのかは問題です。

まず信頼の原則を適用するためには、実際上も、行為者が相手方の行動を信頼できる条件が整っていることが必要となりますので、相手方が規則に違反して行動していることが明らかな場合や、幼児、老人、身体障害者、酩酊者などその心身上の事情から適切な行為をするであろうことの信頼を許す根拠がない者である場合には、信頼の原則を適用することはできません。もっとも、幼児や老人であっても、高速道路や歩車道の区別があり、交通が非常に頻繁な幹線道路であるような場合などの具体的な状況によっては適用されることもあるでしょう。

問題は、行為者に交通法規違反がある場合ですが、その違反が事故の原因となっている場合には信頼の原則の適用は否定され、そうでない場合には適用可能性を認める傾向にあります（荒木・前掲124頁）。

2　自転車事故への適用可能性

本書が取り扱う自転車事故は、自転車同士の交通事故、自転車と歩行者との交通事故を対象としていますが、これらの類型で裁判例では信頼の原則を適用したものは見あたりません。

まず、自転車と歩行者との事故の場合ですが、上記のように歩行者が、幼児、老人、身体障害者、酩酊者などその心身上の事情から適切な行為をするであろうことの信頼を許す根拠がない者であるときには、信頼の原則は適用されないのが原則といえるでしょう。これらに該当しない成人である場合でも、歩道、歩車道等との区別のない車道や、生活道路やそれに準ずる環境にある場合等で横断者等歩行者の通行のあることが予見できる場合には適用することは困難ではないかと思われます。

自転車同士の事故の場合には、上記のところからは適用される理論的な可能性はあるでしょうが、必ずしも道路交通法規が守られている実態があるとはいい難い自転車において、信頼の原則を適用できるだけの条件が整っているかどうかは慎重に検討する必要があると考えられます。併せて、自転車をとりまく交通環境の整備状況も考慮する必要があるでしょう。

（髙木宏行）

52

心神喪失・心神耗弱

Q 心神喪失、心神耗弱の場合、刑罰を科されなかったり、刑罰が軽くなったりすると聞きました。心神喪失、心神耗弱とは何でしょうか。どのような場合なのか、教えてください。

1 責任能力

　刑事責任を負う前提として、責任能力が必要とされます。責任能力とは、有責に行為する能力であり、行為の違法性を弁識し、それに従って自己の行為を制御する能力とされています。刑法は、「心神喪失者の行為は、罰しない。」（刑39条1項）、「心神耗弱者の行為は、その刑を減軽する。」（同条2項）として、責任能力が欠ける場合、責任能力が減退している場合の扱いについて、それぞれ規定しています。

2 心神喪失とは

　心神喪失とは、精神の障害により、事物の理非善悪を弁識する能力（弁識能力）や、その弁識に従って行動する能力（制御能力）のない状態をいいます【大判昭和6・12・3刑集10巻682頁】。精神の障害には、統合失調症等の狭義の精神病だけでなく、継続的な精神の障害や一時的な精神状態の異常を含むとされています。
　例えば、自転車を運転中に、予期しないてんかん発作や心臓発作などで意識を失ったために、交通事故を起こし相手を死傷させたような場合には、心神喪失として刑事責任を負わないことがあります。

3 心神耗弱とは

　心神耗弱とは、上記の弁識能力や制御能力が欠如するまではいかなくとも著しく減退した状態をいい【前掲大判昭和6・12・3】、この場合、刑が必要

的に減軽されます。

4　原因において自由な行為

　もっとも、事故を起こした時点では心神喪失又は心神耗弱の状態にあっても、その状態が行為者の責任能力のある状態での行為によって、自ら招いたものであるときには、いわゆる原因において自由な行為として、その責任を問われることになります。

　また、過失犯の場合、ある時点で結果の回避が不可能であっても、その前の時点で回避が可能であり、かつ、予見可能性があれば、過失をその時点で捉えて犯罪の成立が認められます。

　これらの点が問題になった裁判例として、いずれも自動車の事故に関する事案ですが、

① 　飲酒の際、酔余の運転により事故を惹起するおそれのあることを認識して飲酒を抑制すべき注意義務があるのにこれを怠り、泥酔状態で自動車を運転して事故を起こした場合に、業務上過失致死傷罪の成立を認めたもの【東京高裁昭和44・10・6判時583号91頁】、酒酔い運転につき他に【大阪地判平成元・5・29判タ756号265頁】等、

② 　自動車運転中にてんかん発作により心神喪失状態で事故を起こした場合でも、てんかんの病歴があり、しばしば朝夕に身体のけいれんや意識消失の発作に襲われていたこと等から、運転中に発作の起こし得ることが予見可能であり、自動車を運転した自体が過失であるとしたもの【仙台地判昭和51・2・5判時839号128頁】、てんかん発作につき他に【大阪高判昭和42・9・26判時508号78頁】【東京地判平成5・1・25判時1463号161頁】【大阪地判平成6・9・26判タ881号291頁】等、

があります。

（九石拓也）

53

刑事手続の流れ

Q 私は、自転車で人をはね、死亡させてしまいました。今後、刑事事件の手続がどのようになるのか、教えてください。

1 刑事事件の流れ

　自転車事故の刑事事件としての手続は、通常、警察による実況見分や被疑者・関係者の取調べ等の捜査が行われ、検察官による補充的な取調べの後に起訴・不起訴の処分が決まり、起訴された場合には、その後裁判（公判）という流れで進みます。

2 捜　査

(1) 初動措置

　警察官が交通事故の発生を認知した場合、現場に急行し、死傷者に対する救急措置、二次事故防止のための交通整理等を行うとともに、衝突・接触等の地点、当事者の停止位置・状態、血痕・スリップ痕等の位置・状況等を把握し、それらを写真撮影する等の証拠収集を行い、事故の当事者、目撃者等の氏名・住所等を確認するといった措置をとります。

(2) 実況見分

　自転車事故を含む交通事故の事案で、もっとも重要な捜査の1つが実況見分です。

　実況見分とは、捜査機関が行う任意処分としての検証であり、五官の作用によって、場所、物等について、その形状等を感知する処分です（犯罪捜査規範104条参照）。交通事故の実況見分では、現場に残された血痕・スリップ痕・擦過痕等の痕跡や、ガラス片・塗膜片等の散乱物の位置の確認、加害者・被害者・目撃者等の立会人の説明に基づく加害車両・被害者・被害車両の進行経路、相手を発見した位置や、制動・衝突・停止等の位置の確認、そ

れぞれの位置の間の距離の測定等の調査を行います。また、これらの調査の結果を文書にまとめたものが実況見分調書であり、実況見分の日時、場所、立会人、現場の模様（道路状況等）、事故発生当時の模様（立会人の指示説明内容、現場見取図）、関係距離等が記載されます。もっとも、自転車事故の場合、衝突の痕跡が印象されず、散乱物等もなく、事故現場の状況や事故発生の経過を把握することが困難なことも少なくないようです。

また、事故現場の状況等だけではなく、車両の形状やサイズ、制動装置等の装備の有無、事故による損傷の有無・部位・程度等について見分が行われることもあります。

実況見分調書は、その後の捜査の基本となる書類であり、民事事件の関係でも事故態様、過失割合等についての重要な証拠となるものです。実況見分に立ち会う際には、事実のとおり正確に記録されるよう説明を行い、自己に有利な事実についても記載してもらう等することが大切です。

(3) 飲酒検査

酒気帯び運転は自転車の運転においても禁止され（道交65条）、それが「酒に酔つた状態」（アルコールの影響により正常な運転ができないおそれがある状態）である場合には罰則も適用されます（同117条の2第1号。なお、「酒に酔つた状態」に至らない酒気帯び運転禁止違反の罰則は軽車両を除外しています（同117条の2の2第3号））。

交通事故の現場等で自転車運転者に飲酒が疑われる場合には、飲酒状況の検査が実施されます（同67条3項）。飲酒状況の検査は、飲酒検知器による呼気中のアルコール濃度の検査（道交令26条の2の2。拒否した場合の罰則について道交118条の2）、質問応答、歩行能力や酒臭の見分等によって行われます。

(4) 被疑者等の取調べ

事故を起こした被疑者や、被害者、目撃者等に対する取調べも行われ、供述調書が作成されます。取調べを受ける際、供述調書を作成する際の注意点については、[⇒Q57]のとおりです。

(5) 逮捕勾留

自転車事故を含む交通事故の事案では、基本的に過失犯ということもあり、捜査は、在宅のまま行われることが多いと思われますが、事案の悪質性

や被害の大きさ等によっては、逮捕・勾留が行われることもあります。

　警察官が被疑者を逮捕した場合、48時間以内に検察官に送致しなければならず（刑訴203条）、送致を受けた検察官は、留置の必要がなければ被疑者を釈放し、必要があるときには24時間以内（身柄拘束から72時間を超えることはできません）に裁判官に勾留を請求しなければなりません（同205条1項・2項）。勾留の請求を受けた裁判官は、勾留の理由（罪を犯したことを疑うに足りる相当な理由に加え、住所不定、逃亡のおそれ又は罪証隠滅のおそれのいずれかの理由があること）及び勾留の必要があるときは（同60条1項）、勾留質問の上で、勾留状を発します（同207条1項、61条、62条）。勾留の期間は10日間ですが、やむを得ない事由があるときはさらに10日間の延長が認められます（同208条1項・2項）。検察官は、この勾留期間の終期（満期）までに、次に説明する起訴・不起訴の処分を行うか、その処分を決定できないときは処分保留で被疑者を釈放します。

(6)　起訴不起訴の決定

　被疑者の処分は、捜査機関が収集した証拠をもとに検察官が決定します（同247条参照）。検察官が行う主な処分としては、次のようなものがあります。①が事件が罪とならないときの処分、②③が犯罪の嫌疑がないときの処分、④〜⑥が犯罪の嫌疑があるときの処分です。⑤⑥を公訴の提起（起訴）といいます。

　①　不起訴処分（罪とならず）

　　被疑者に過失がないことが明らかである等、犯罪が成立しない場合です。

　②　不起訴処分（嫌疑なし）

　　被疑者の過失の有無を認定する証拠がない等、犯罪の成否を認定すべき証拠のないことが明白な場合です。

　③　不起訴処分（嫌疑不十分）

　　被疑者の過失を裏付ける証拠が不十分である等、犯罪の成立を認定すべき証拠が不完全な場合です。

　④　不起訴処分（起訴猶予）

　　被疑者の過失が十分認められる等、犯罪の成立は明白な場合で、被疑者の性格、年齢・境遇、過失の程度、被害結果の軽重、反省の程度、被害弁

償の状況等により、訴追による処罰を必要としない場合です（同248条参照）。

⑤ 略式命令請求

犯罪の成立が明白な場合で、100万円以下の罰金刑を相当と考え、かつ、略式命令にすることに被疑者に異議がない場合に、裁判所に略式命令を求める起訴状を提出して行います。略式命令とは、裁判所が原則として検察官の提出した資料のみに基づいて公判を開くことなく刑を定めるもので、100万円以下の罰金・科料のみを科することができます（刑訴461条、461条の2）。略式命令を受けた者等は、その内容に不服があれば告知を受けた日から14日以内に正式裁判の請求をすることができます（同465条1項・2項）。なお、道交法違反事件については、交通反則通告制度（道交125条）がありますが、自転車による違反行為は同制度の対象外となっています（同条1項）［⇒Q48］。

⑥ 公判請求

犯罪の成立が明白な場合で、懲役刑又は禁固刑を相当と考える場合、罰金刑が相当でも⑤の略式命令の要件を満たさない場合に、裁判所に起訴状を提出して行います。公判請求がされると、裁判所で通常の訴訟手続により審理が行われます。起訴された被疑者は被告人と呼ばれます。

なお、勾留中の被疑者について公判請求がなされたときの大半は、その後も勾留が継続しますが、起訴後の勾留には、保釈の制度があります（刑訴88条以下）。保釈とは、保証金の納付等を条件として、勾留の効力を残しながらその執行を停止し、身柄拘束を解く制度です。

3 公　判

(1) 公判の流れ

検察官が公判請求した事件や、略式命令に対して正式裁判の請求があった事件では、通常の公判手続で審理が行われます。

公判期日における審理は、公判廷で行われ（刑訴282条1項）、裁判官、裁判所書記官が列席し、検察官、被告人、弁護人が出席して開かれます。公判期日の手続の流れは、概ね次のようになります。

① 冒頭手続

　裁判長は、被告人の氏名、年齢、職業、住居、本籍について質問し、人違いでないことを確認します（人定質問。刑訴規196条）。

　審理の対象を明らかにし、被告人に防御の機会を与えるため、検察官による起訴状の朗読が行われます（刑訴291条1項）。

　裁判長は、被告人に黙秘権及び供述拒否権があることを告知した上で、被告人・弁護人に事件についての陳述の機会を与えます（同291条3項、刑訴規197条）。罪状認否と呼ばれるもので、ここで起訴された事実を認めるか否かの答弁や、無過失、心神喪失等の犯罪の不成立や刑の減免に関する主張を行います。

② 冒頭陳述

　冒頭手続を終えると、証拠調べの手続に入り、まず、検察官による冒頭陳述が行われます（刑訴296条）。冒頭陳述とは、検察官が証拠により証明すべき事実の説明で、事故に至る経過や事故の内容、被告人の経歴等が述べられます。

③ 証拠調べ請求

　その後、検察官による証拠調べの請求があり（同298条）、被告人・弁護人はそれらの証拠の採用について同意・不同意等の意見を述べます。供述調書、実況見分調書等の証拠書類は、いわゆる伝聞証拠として原則として証拠とできませんが（同320条1項）、同意がある場合には証拠となります（同326条1項）。不同意となった証拠書類については、必要に応じて書類に代えて証人尋問が請求されます。

④ 証拠調べ

　証拠調べは、検察官から請求のあった証拠のうち同意のあった証拠書類の取調べが行われ、証人尋問等が実施されます。

　弁護側の立証は、検察官の立証の後に行われるのが通常です。起訴事実を争うための立証のほか、事実を認めている事件では、いわゆる情状に関する立証活動が重要になります。交通事故の事件では、被害弁償や示談の状況、賠償責任保険への加入状況、被告人の上司、親族等の情状証人の尋問、反省状況等についての被告人質問等の立証が行われます。

⑤ 論告、弁論

証拠調べが終わると、公判での審理の結果を踏まえて、検察官、弁護人の双方から事実及び法律の適用についての意見を述べます（同293条）。検察官が行うものを論告・求刑、弁護人が行うものを弁論といいます。被告人にも意見陳述の機会が与えられます。

⑥　**判決**

　裁判所は、必要な審理を終えると審理を終結し、有罪か無罪か、有罪とする場合には量刑を判断し、判決を言渡します。

（九石拓也）

54

少年が加害者の場合の手続

Q 中学2年生の息子が、歩道上を友人と自転車でスピードを出して競争し、歩いていたお年寄りをはねて大けがをさせてしまいました。加害者が少年のときに刑事責任を負わないことがあると聞きましたが、それはどのような場合でしょうか。また、少年については、成人とは異なる裁判手続で処分が行われるとのことですが、具体的にはどのような手続になるのでしょうか。

1　刑事未成年

　刑法41条は、「14歳に満たない者の行為は、罰しない。」と規定し、刑事責任能力を否定しています。これは、そのような年少者（刑事未成年）については、人格が形成途上であり可塑性に富むことから、刑事政策的に刑罰を控えることが妥当と考えられたためです。

　自動車や原動機付自転車の場合のような運転免許制度がない自転車（足踏式自転車）は、幼児や小中学生でも運転が可能であり、それらの年少者が自転車事故の加害者になる例も少なくありませんが、加害者が14歳未満である場合には、刑事責任が課されることはありません。

　一方、14歳以上の少年については、年齢のみで刑事責任能力を否定されることはありませんが、少年法の規定によって、一般の刑事裁判ではなく家庭裁判所で審理する少年保護事件として扱われます。

2　少年法の適用

　少年とは満20歳未満の者をいいます（少年法2条1項）。

　少年は、一般に精神的に未熟な人格の形成途上の過程にあり、可塑性に富み、教育による更正可能性があるとされています。そこで、少年法は、少年

に対しては、刑罰ではなく、「少年の健全な育成を期し、非行のある少年に対して性格の矯正及び環境の調整に関する保護処分を行う」ことを目的に掲げ（同1条）、成人の場合とは異なる手続を定めています。

3 捜査段階の手続

少年が自転車事故の加害者となった場合に行われる捜査は、刑事訴訟法の適用を受け（少年法40条）、基本的には成人の場合と異なりません。ただし、被疑者が少年の場合の特色として、①勾留に関する特則が設けられていること、②いわゆる全件送致主義がとられていることがあります。また、③刑事未成年の場合の取り扱いについてもあわせて説明します。

(1) 勾留に関する特則

少年法は、勾留の要件を満たす場合でも勾留に代わる観護措置をとることができるとし（同43条1項）、検察官はやむを得ない場合でなければ勾留を請求することができず（同条3項）、裁判官はやむを得ない場合でなければ勾留することができず（少年法48条1項）、また、勾留場所を少年鑑別所にすることも可能としています（同条2項）。これらは、身柄拘束処分である勾留が少年の心身に与える不利益を考慮し、慎重な取り扱いを求めたものです。

また、司法警察員は、捜査の結果、罰金以下の刑にあたる犯罪の場合は、検察官に対してではなく、直接家庭裁判所に送致することとされており（少年法41条）、その場合勾留は行われません。自転車事故が、重過失致死傷罪（刑211条1項後段）ではなく、過失致死罪（50万円以下の罰金。同210条）または過失傷害罪（30万円以下の罰金又は科料。同209条1項）となる場合がこれにあたります。

(2) 全件送致主義

少年事件では、捜査段階で嫌疑がなくなった場合等を除き、原則として全ての事件を家庭裁判所に送致する全件送致主義がとられています（少年法41条、42条）。成人の事件の場合にある起訴猶予処分や家庭裁判所を経ない略式起訴による罰金の処分はありません。

なお、道交法違反事件についての交通反則通告制度は、少年にも適用がありますが、同制度は「重被牽引車以外の軽車両」の運転者を除外しているため（道交125条1項）、自転車に関する同法違反事件については同制度の対象

外です。[⇒Q 48]

(3) 刑事未成年の取り扱い

少年が14歳未満である場合には、刑事未成年として刑事責任を問われることはないため（刑41条）、犯罪を前提とする警察の捜査の対象とはならず、児童福祉法に基づく児童相談所への通告の準備行為としての調査ができるにとどまります（少年法6条の2）。その場合、警察は、①少年、保護者又は参考人に対する質問、②公務所又は公私の団体に対する照会、③押収、捜索、検証又は鑑定の嘱託を行うことがあります（同6条の4、6条の5）。

4 少年審判手続

少年については、少年法の規定により、成人の刑事裁判とは異なる家庭裁判所での少年審判手続により処分が行われます。

(1) 家庭裁判所調査官による調査

家庭裁判所は、事件の送致を受けると、少年保護事件として少年や保護者等の行状、経歴、環境等についての調査を家庭裁判所調査官に命じて行います（少年法8条、9条）。

(2) 観護措置

また、審判を行うため必要があるときは、観護措置がとられ、少年鑑別所に収容し資質鑑別が実施されます（同9条、17条）。実務上、逮捕、勾留されている少年については、家裁送致日に観護措置決定がとられることが大半です。観護措置の期間は原則として2週間とされていますが、更新決定により通算4週間を限度に行われることがほとんどです（同17条3項）。

(3) 処分・終局決定の種類

家庭裁判所が行う処分、終局決定には、次のものがあります。

① 審判不開始

調査の結果、少年の行方不明等により審判・保護処分が事実上不可能である等、審判に付することができない場合、事案が軽微で要保護性のないことが明らかである等、審判に付するのが相当でない場合には、審判を開始しない決定を行います（同19条1項）。

② 不処分

審判の結果、非行事実を認定できない等、保護処分に付することができ

ない場合、付添人の活動で要保護性が解消した場合等、保護処分に付する必要がない場合には、保護処分に付さない旨の決定を行います（同23条2項）。

③　保護処分

　審判の結果、非行事実及び要保護性が認められると、保護処分の決定が行われます（同24条1項）。保護処分には、①保護観察（少年を施設収容することなく、保護観察所の指導・監督を受けさせながら社会内で更正を図る処分）、②児童自立支援施設・児童養護施設送致（児童福祉法に基づき設置される施設に送致する処分。児童福祉法44条、41条参照）、③少年院送致（少年院に収容する処分）の3種類があります。

④　試験観察

　保護処分を決定するために必要がある場合に、相当の期間、家庭裁判所調査官の観察に付するもので、終局決定を留保した中間決定の処分です（少年法25条）。

⑤　児童福祉機関送致

　調査、審判の結果、児童福祉法の規定による措置が相当とされるときに、権限を有する都道府県知事又は児童相談所長に送致するものです（同18条、23条1項）。

⑥　検察官送致（逆送）

　死刑、懲役又は禁錮にあたる罪の事件について、調査、審判の結果、罪質及び情状に照らし刑事処分を相当とする場合、調査、審判時に少年が20歳以上となった場合等には、検察官に送致する決定が行われます（同20条、23条1項）。自転車事故が重過失致死傷罪（刑211条1項後段）にあたる場合、逆送の可能性がありますが、過失致死罪（同210条）又は過失傷害罪（同209条1項）にあたる場合は、逆送の対象にはなりません。

(4)　少年審判

　家庭裁判所は、調査の結果、審判を開始するのが相当と認めるときは、審判開始の決定をし（少年法21条）、審判期日が開かれます。審判は、非公開で、懇切を旨として、和やかに行うとともに、少年に対し自己の非行について内省を促すものとされています（同22条）。審判の結果、上記(3)の②～⑥のいずれかの決定がされます。

なお、自転車事故についての処分状況の統計は公表されていませんが、交通事件一般についていえば、犯情が悪質で結果が重大な場合には検察官送致、そうでない場合には、保護観察処分や講習受講、訓戒等の上での審判不開始、不処分とする例が多いようです。

(5) 付添人

少年の保護事件では、少年及び保護者は付添人を選任することができます（同10条1項）。

現状、少年保護事件で付添人が選任される割合は高くはないようです。しかし、少年は一般的に防御能力が低く法的・社会的知識に乏しいため、適正な手続の確保や少年の権利の擁護の必要性が高く、また、可塑性や教育的可能性に富むことから、少年の内省を深め、保護環境を整備し、関係者との関係性の修復を図る等、要保護性の解消と健全育成を図るためにも、付添人による適切な援助が求められます［⇒Q55］。

5　少年の刑事裁判手続

家庭裁判所が、刑事処分相当として検察官に送致（逆送）した事件については、検察官は、事件の一部について犯罪の嫌疑がない、又は情状等に影響を及ぼすべき新たな事情を発見したため訴追が相当でないとき、送致後の情況により訴追が相当でないときを除き、公訴を提起しなければなりません（少年法45条5号）。

少年の刑事手続については、職権で付する国選弁護人（刑訴37条1項1号、290条）、その他少年事件の特別手続（刑訴規277〜282条、少年法40〜50条、55条）が定められています。

また、少年に対する刑罰に関しても、①罪を犯したとき18歳未満の者に対しては、死刑に処すべきときは無期刑により、無期刑に処すべきときは10年以上20年以下の有期の懲役又は禁錮によるものとされ、②長期3年以上の有期の懲役又は禁錮に処すべきときは、その刑期の範囲内で、長期と短期を定めた不定期刑とする（執行猶予の言渡をするときを除く）、③罰金を支払わない場合の労役場留置の言渡をしない等の特別の規定が設けられています（少年法51〜54条）。もっとも、交通事故の事件で、①の死刑又は無期刑に処すべきときにあたることは、通常ありません。

　　　　　　　　　　　　　　　　　　　　　　　　　　　（九石拓也）

55 弁護人・付添人

Q 私の夫は、居酒屋で飲酒した帰り道、自転車で赤信号で交差点に入り、横断歩道を渡っていた人に衝突して大けがをさせたとして、逮捕されました。友人から、弁護人を付けた方がよいのではないかといわれましたが、弁護人は何をしてくれるのでしょうか。また、弁護人を付けるにはどのようにすればよいのでしょうか。

1 弁護人依頼権

　憲法34条は、身柄拘束された被疑者の弁護人依頼権を、同法37条3項は、刑事被告人の弁護人依頼権及び国選弁護人選任請求権を基本的人権として保障しています（国選弁護制度については、別項［⇒Q56］で説明します）。さらに刑事訴訟法30条1項は、被疑者・被告人について身柄拘束の有無を問わず弁護人依頼権を規定し、憲法の保障を拡張しています。また、弁護人依頼権の行使の機会を保障するため、司法警察員・検察官は、被疑者を逮捕した際等に、弁護人を選任することができる旨を告げなければならず（刑訴203条、204条）、裁判所・裁判官が、被疑者・被告人を勾引、勾留する際も同様の告知義務が定められています（同76条、77条、207条）。

2 弁護人の役割

　身柄拘束を受けると日常とは全く違った環境に置かれることになります。行動の自由がなくなるのはもちろん、外部との連絡も大きく制約を受け、取調べを受ける精神的な負担も大変なものです。弁護人は、身柄拘束中の被疑者と立会人なしで接見し、書類や物の授受をすることができ（接見交通権、刑訴39条1項）、これにより被疑者は捜査への対応方針、取調べを受ける際の心構え、調書作成にあたっての注意点等、必要な相談をし、適切な助言を

受けることができます。また、身柄拘束を受けていない事件でも、自己の言い分を適時適切な方法で主張し、自己に有利な証拠を収集し、被害者との示談交渉を円滑に進める等、なるべく早い段階で弁護人を選任し適切な弁護活動をしてもらうことが有益です。

3 弁護人の選任（私選弁護人）

　被疑者・被告人はいつでも弁護人を選任することができますが（刑訴30条1項）、その法定代理人、保佐人、配偶者、直系の親族及び兄弟姉妹も独立して、すなわち本人の意思に関わりなく弁護人を選任することができます（同条2項）。

　弁護人になれるのは原則として弁護士のみです（刑訴31条1項）。依頼する弁護士を知らない場合、身柄拘束を受けているときには各地の弁護士会が行っている当番弁護士制度を利用するとよいでしょう。当番弁護士制度とは、身柄を拘束された被疑者やその家族らからの依頼により、待機している当番弁護士が速やかに被疑者との接見に赴き、必要な法的援助を行う制度です。この場合の1回目の接見は無料です。また、身柄拘束の有無を問わず、弁護人を選任しようとする被疑者・被告人は、各弁護士会に対して弁護人の選任の申出をすることができ、その申出を受けた弁護士会は、速やかに所属する弁護士の中から弁護人になろうとする者を紹介することとされています（私選弁護人紹介制度、同31条の2）。

　弁護人の選任は、弁護人と弁護人選任権者が連署（それぞれ自己の氏名を自署し押印すること）した弁護人選任届を、公訴提起前であれば検察官又は司法警察員に、公訴提起後であれば裁判所に差し出して行います（刑訴規17条、18条）。身柄拘束中の被疑者・被告人が弁護人選任届を作成する場合、被疑者・被告人の押印は指印により、それが本人の指印である旨の係官の証明が付されます。

　公訴提起前の弁護人選任は、弁護人選任届を当該被疑事件を取り扱う検察官又は司法警察員に提出した場合に限り、第一審においても効力を有します（刑訴32条1項、刑訴規17条）。公訴提起後の弁護人選任は、審級毎に行わなければなりません（刑訴32条2項）。

　弁護人を自ら選任する場合（私選弁護）の弁護士報酬その他の条件は、弁

護士とあらかじめよく話し合って決めるようにしてください。

4　付添人の選任

　少年事件の場合、成人の場合と異なる裁判手続が取られることは、別項[⇒Q54]で説明したとおりです。

　少年事件でも被疑者段階では弁護人が選任されますが、家庭裁判所に送致された後は、弁護人ではなく付添人が選任されます。

　付添人を選任できるのは、少年及びその保護者です（少年法10条1項）。付添人の選任は、選任権者と付添人が連署した付添人選任届を家庭裁判所に差し出して行います（少年審判規則14条2項）。成人の事件と異なり、被疑者段階で弁護人選任届を提出していても、家裁送致後に自動的に付添人に移行することはありませんので、改めて付添人選任届を作成し提出する必要があります。

　なお、少年事件にも国選付添人制度がありますが、対象事件の範囲は成人の事件に比べて限定されています（少年法22条の3）。自転車事故により重過失致死傷罪で家裁送致された場合、被害者等による審判傍聴が許可された事件に限り、国選付添人制度の対象となります（ただし、少年及び保護者が付添人を不要とする意思を明示している場合を除きます。同22条の5第2項・3項）。

（九石拓也）

56

国選弁護人

Q 私は、自転車に乗って信号無視で交差点に入り、歩いていた小学生をはね、死亡させてしまいました。弁護人を依頼したいのですが、現在失業中のため費用を払うことができません。この場合、弁護人を付けることはできないのでしょうか。

1 国選弁護制度の拡大

　被告人が貧困その他の事由により弁護人を選任することができないときは、その請求により弁護人が付されます（刑訴36条）。これは憲法37条3項後段に基づく規定です。

　他方、被疑者については従来国選弁護制度の対象外でしたが、捜査段階における弁護活動の重要性から、平成16年の刑事訴訟法改正で一定の事件について勾留状が発せられる等した被疑者を対象とする被疑者国選弁護制度が導入されました（同37条の2）。現在その対象事件は、死刑又は無期もしくは長期3年を超える懲役若しくは禁錮にあたる事件まで拡大されています。

　自転車事故では、重過失致死傷罪で勾留状が発せられる等した場合に、被疑者国選弁護制度の対象となります。また、公訴提起後は被告人国選弁護制度の対象となります。

2 被疑者国選

　被疑者国選弁護制度の対象事件は、上記のとおりです。国選弁護人が選任されるのは、対象事件について勾留状が発せられた場合（刑訴37条の2第1項）、又は勾留請求がされた場合（同条2項）ですので、それ以前の逮捕後勾留請求前の段階では、国選弁護人は選任されません。その場合は、一旦私選弁護人として選任した上で（なお、資力がない場合には日弁連が日本司法支援

206

センターに業務委託している刑事被疑者弁護援助制度を利用できます。)、勾留請求後に国選弁護人への切り替えの手続をとることになります。

国選弁護人の選任は、①被疑者が貧困その他の事由により弁護人を選任することができないときで、被疑者の請求があった場合（同37条の2）、②精神上の障害その他の事由により弁護人を必要とするかどうかを自ら判断することが困難である疑いがある被疑者について、必要があると認める場合に（同37条の4）行われます。

国選弁護人の請求をする場合には、所定の資力申告書を提出しなければならず、資力が基準額以上である場合には、あらかじめ弁護士会に私選弁護人の選任の申出をしていなければなりません（同37条の3第1項・2項）。

国選弁護人の選任は、被疑者が事件について釈放された場合（勾留の執行停止によるときは除く）には効力を失います（同38条の2）。勾留の裁判に対する準抗告が認容された場合や、勾留が取り消された場合がこれにあたります。その場合、改めて私選弁護人としての選任が必要になります。

3　被告人国選

被告人は、貧困等により弁護人を選任することができない場合、国選弁護人の選任を請求することができます（刑訴36条）。また、弁護人なしで開廷審理することのできない必要的弁護事件（同289条1項）、公判前整理手続に付された事件（同316条の4第2項、316条の8第1項）等の一定の場合には、被告人の請求がなくとも裁判所が職権により弁護人を付します（同条2項等）。重過失致死傷罪は、必要的弁護事件です。

国選弁護人の選任の請求は、実務上、公訴の提起があった場合に裁判所が被告人に弁護人の選任を請求するか否かを確認する際（刑訴規178条1項・2項）、裁判所から送付された回答書に必要事項を記入して返送することで行われています。

4　国選付添人

少年事件の場合、被疑者段階での国選弁護制度は成人の場合と同様です。

家庭裁判所に送致された後は、国選付添人の制度がありますが、その対象事件は、被疑者国選、被告人国選と比べて限定されています。対象となるの

は、①検察官関与事件（必要的選任。少年法22条の3第1項）、②故意の犯罪行為により被害者を死亡させた罪、その他死刑又は無期若しくは短期2年以上の懲役若しくは禁錮にあたる罪に関する事件につき観護措置が取られている場合（裁量的選任。同条2項）、③被害者等による審判傍聴事件（必要的選任。ただし、少年及び保護者が付添人を不要とする意思を明示している場合を除きます。少年法22条の5）。

　自転車事故では、重過失致死傷罪で家裁送致され、被害者等による審判傍聴が許可された場合には、国選付添人制度の対象となります。

（九石拓也）

57

被疑者になった場合の注意事項

Q 私が自転車に乗っていて歩道で人に衝突し、けがをさせてしまった件で、今般、警察から事情を聴きたいと呼び出しを受けました。どのように対応したらよいでしょうか。注意すべき点を教えてください。

1　出頭要請への対応

　自転車事故の場合に想定される重過失致死傷事件等の捜査は、在宅のまま任意捜査として行われることが多いと思われます。とはいえ、酒酔い運転、信号無視、救護義務違反（ひき逃げ）等の悪質な道交法違反を伴うケースや、被害者が死亡する等被害の程度が大きいケース、被疑者に逃亡や罪証隠滅のおそれがあると判断されるケース等では、身柄拘束が行われることもあり得ます。

　また、指定された日に出頭できない場合には、逃亡や罪証隠滅のおそれあり（逮捕の必要がある）と受け取られないよう、出頭できない正当な理由を十分に説明するとともに、出頭可能な日時を連絡する等の手当をすべきでしょう。

　出頭に応じる場合、弁護人が同行して取調べに同席する、供述調書への署名押印前に内容を確認するといった対応も考えられます。弁護人が同行しない場合でも、長時間や深夜にわたる取調べに備えて、あらかじめ取調べから切り上げる時刻を打ち合わせておくなどすべきでしょう。

2　取調べに対する心構え

　取調べを受けるにあたっては、供述調書の重要性と黙秘権等の権利をよく理解しておく必要があります。

　① 供述調書は重要な証拠になります。

取調べに応じて捜査官に話したことは、捜査官がその内容を整理し供述調書にまとめます。この供述調書は、裁判で重要な証拠になり、特にその内容が自己に不利益な事実を認めるものであるときには、広く証拠として用いられる可能性があります（刑訴322条1項参照）。
② 　被疑者には黙秘権等の権利が保障されています。
　被疑者には、黙秘権（憲法38条1項、刑訴198条2項）が保障されていますので、取調べを受けるに際しては、終始黙っていることもできますし、答えたい質問にのみ答えるといった対応も可能です。また、身柄拘束を受けていない場合には、出頭（取調べ）拒否権・退去権（刑訴198条1項ただし書）がありますので、要請に応じて出頭し一旦は取調べに応じた場合でもその途中で退去することも認められています。
③ 　身に覚えのないことを認めてはいけません。
　取調べでは身に覚えのないことは決して認めてはならず、言い分を聞いてもらえないときでも、自己の主張を根気強く言い続けることが大切です。また、記憶がはっきりしない点や、わからない点など、不確実な事柄について、想像や憶測で答えるのは適当ではありません。
④ 　供述調書の内容は十分に確認してください。
　供述調書に署名押印をするときは、その内容に誤りはないか、誇張されている箇所はないか、また逆に自己の言い分はきちんと盛り込まれているか等を、慎重に確認する必要があります。内容に誤りや不足があれば、その訂正を請求することができますし（同198条4項）、調書への署名押印を拒否する権利も保障されています（同条5項）。また、訂正を求める場合は、必要な訂正を全て行ってもらうことも重要です。一部の箇所の訂正が認められたことで、他の箇所を妥協してしまった場合、求められた訂正がされているものとして、調書全体について信用できるものと認められてしまうことがあります。

3　取調べの内容

　参考までに、交通事故の事件での取調べでは、概ね次のような事項について聴かれます。

① 身上・経歴等に関する事項
　・氏名、住所、本籍、生年月日、職業、出生地
　・学歴、経歴、職業、前科・前歴、資産・収入、免許、趣味嗜好　等
② 事件に関する事項
　・加害車両の種類、装備の状況、故障の有無
　・運転開始の目的、運転の状況
　・飲酒、疲労、疾病の状況
　・事故直前の状況、事故現場の状況、天候・道路の状況、相手の発見・制動等の状況
　・事故の状況、衝突の位置・状況、損傷状況
　・事故後の措置、停止位置・状況、被害者の救護、通報
　・過失の内容、程度
　・被害弁償、示談の状況　等

（九石拓也）

58

被害者としての手続への参加方法

Q 私の小学生の息子は、赤信号を無視して交差点に入ってきたブレーキの付いていない自転車に轢かれて死亡しました。加害者からは謝罪すらありません。これから加害者の刑事裁判が行われると聞いているのですが、遺族としてその裁判に関わることはできるのでしょうか。

1 被害者参加制度

平成19年に刑事訴訟法、犯罪被害者等の権利利益の保護を図るための刑事手続に付随する措置に関する法律（犯罪被害者保護法）等の一部改正が行われ、刑事裁判への犯罪被害者参加制度が創設されました。これにより、一定の要件を満たす犯罪被害者等は、刑事裁判への参加が認められるようになりました。

2 被害者参加の要件

被害者参加制度の対象となる事件は、「①故意の犯罪行為により人を死傷させた罪、②刑法第176条から第178条まで、第211条、第220条又は第224条から第227条までの罪、③前号に掲げる罪のほか、その犯罪行為にこれらの罪の犯罪行為を含む罪（第1号に掲げる罪を除く。）、④前3号に掲げる罪の未遂罪」とされており（刑訴316条の33第1項）、自転車事故により人を死傷させた場合に適用のある重過失致死傷罪（刑211条1項後段）もその対象となります（単純過失による過失傷害罪、過失致死罪については対象外です）。

被害者参加制度により刑事裁判に参加できるのは、被害者等（被害者又は被害者が死亡した場合若しくはその心身に重大な故障がある場合におけるその配偶者、直系の親族若しくは兄弟姉妹）又は被害者の法定代理人です（刑訴316条の33第1項、290条の2第1項）。

3　被害者参加のための手続

　刑事裁判への参加を希望する被害者等又は被害者の法定代理人は、まず、検察官に参加の申出を行い、申出を受けた検察官は意見を付して裁判所に通知します。裁判所は、被告人又は弁護人の意見を聴いた上で、犯罪の性質、被告人との関係その他の事情を考慮し、相当と認めるときは、決定で参加を許可します（刑訴316条の33第1項・2項）。参加を認められた被害者等又は法定代理人は、被害者参加人として刑事裁判に参加することになります。

4　被害者参加人としての刑事裁判への関与

　被害者参加人又はその委託を受けた弁護士（被害者参加弁護士）は、①刑事裁判の公判期日への出席（刑訴316条の34第1項）、②情状に関する事項（犯罪事実に関するものを除く）についての証人の供述の証明力を争うために必要な事項について証人尋問を行うこと（同316条の36第1項）、③意見陳述をするために必要な場合に被告人質問を行うこと（同316条の37第1項）、④事実又は法律の適用について意見を陳述すること（同316条の38第1項）の申出を、検察官に対して行うことができます。検察官は意見を付してそれらの申出を裁判所に通知し、裁判所は、②③については、被告人又は弁護人の意見を聴いた上で、それらを許可するか否かを判断します。

　なお、以上の被害者参加人の意見陳述制度のほかに、刑事訴訟法292条の2による意見陳述制度もあります。同条の意見陳述は、被害感情や処罰感情などの情状に関する意見が対象となり、陳述できるのは被害者等又は法定代理人のみであるのに対し、被害者参加人としての意見陳述は、事実や法律の適用に関する主張（検察官が行う論告・求刑と同様のもの）を含み、委託を受けた弁護士が行うこともできる点で違いがあります。また、同法292条の2の意見陳述は量刑の資料として扱われますが、被害者参加人としての意見陳述を証拠や量刑資料として用いることはできないとされています（同316条の38第4項）。

5　被害者参加人のための国選弁護制度

　資力の乏しい被害者等は、被害者参加弁護士の選定を日本司法支援セン

ターを経由して裁判所に請求することができます（犯罪被害者保護法11条）。この場合、参加についての援助を行う弁護士（被害者参加弁護士）の報酬及び費用は、原則として国が負担します。

（九石拓也）

6

紛争の解決方法

59

被害者からの相談

Q 自転車による事故でけがをした被害者から、加害者に対する損害賠償についての相談を受けた場合、どのような点に注意すべきでしょうか。

1 事故直後の対応

　自転車事故であっても、事故当事者は、道交法上、救護義務等の緊急措置義務や警察等への事故報告義務（道交72条1項）を負います。

　したがって、被害者としては、加害者にこの義務の履行を求め、警察への報告もきちんと行わせるべきであるほか、加害者が行わない場合には、自ら警察に事故報告を行うべきです（これらの義務は事故当事者であれば、被害者であっても課せられます）。

　警察への報告を行えば、自転車加害事故でも交通事故証明書の発行を受けられ、後述する保険の請求等に使うことができます。実況見分にも対応することが重要です。

　また、当然のことですが、事故当日には可能な限り、加害者の氏名や連絡先を聞いておくほか、目撃者がいた場合には、その連絡先も確認しておいた方がよいでしょう。

　さらに、後日事故状況や事故態様について争いになったときに備え、事故直後の現場の状況や、道路や自転車等の損傷、痕跡等を写真に撮ったり、自分の記憶が鮮明なうちにメモを残しておいた方がよいでしょう。

2 賠償義務者の特定

(1) 自転車加害事故と賠償義務者

　自転車事故には自賠法の適用がなく、賠償責任は、民法709条以下の不法行為責任に基づくものとなります。

そのため、自転車加害事故では、基本的には自転車運転者のみが賠償義務者となり、自動車のように、自転車の所有者の責任（自賠法3条。運行供用者責任）を問うことはできません。

他方、自転車には自賠責保険制度もなく、また、自転車は安価で免許が不要であり、老若男女だれでも運転できることから、自転車加害事故においては、自転車運転者が未成年者であるなど、賠償資力が十分でない場合も少なくありません。

そこで、被害者としては、未成年者の親権者等の監督義務者や、自転車を業務に使用中の事故については運転者の使用者などに対する賠償請求等を検討しなければならない場合も多くなります。

(2) 自転車運転者以外の者の責任

自転車加害事故の裁判例を見ると、運転者以外の責任として、親権者や使用者のほか、授業中の事故の場合の学校設置者や教師の責任【東京地八王子支判昭和49・4・22交民7巻2号541頁】【千葉地判平成元・2・28交民22巻1号239頁】【東京地判平成7・2・2交民28巻1号167頁・責任否定】、サイクリング行事中の事故の場合の行事主催者の責任【広島地尾道支判平成19・10・9判時2036号102頁】、やや特殊な例としては医療過誤と競合する場合の医師の責任【名古屋地判平成12・8・30交民33巻4号1407頁・責任肯定】などが問題となっています。他方、例えば道路の見とおしや通行を妨げたとして道路に物を置いた者の責任などについては、これを認めたような裁判例は公刊物にはまだ見あたらないようです。

どのような場合に加害運転者以外の責任が認められるかについては別項目を参考にしてください［⇒Q 18〜22］。

3 適用される保険の調査

(1) 加害者側の保険

加害運転者その他の賠償義務者が無資力でも、これらの者が自転車事故でも適用になる賠償責任保険に加入していれば、被害者は、その保険によって賠償金の支払を受けられることとなります。

したがって、被害者にとっては、賠償義務者が賠償責任保険に加入しているか否かが非常に重要な問題となります。

自転車加害事故において適用となる加害者側の保険は、個人賠償責任保険です（ただし、自転車事故にも適用となる「個人賠償責任保険」は、保険金額（アマウント）が1000万円、3000万円などのものも多く、重度後遺障害や死亡事故などについては総額をカバーしきれない場合もあります）［⇒Q44］。
　しかしながら、この個人賠償責任保険は、それ自体単体の商品として加入していることはまれで、自動車保険のほか、傷害保険、火災保険、借家人保険等様々なものに「特約」として付加されている場合がほとんどです（学校で加入した団体保険などにこの補償が含まれている場合や生協の共済契約時に加入している場合などもあります）。
　そのため、自転車利用者向けの保険（傷害保険と賠償責任保険がセットになったもの［⇒Q43］）に加入していれば別ですが、通常は、保険を契約した者自身、この保険への加入に気がつかない場合も少なくありません。
　さらに、賠償責任保険は賠償義務者側が加入している保険であることから、被害者の側で賠償義務者の協力なしに保険加入の有無を調査することはできません。
　被害者としては、損害賠償請求を行う中で、賠償義務者自身に保険加入の有無の調査を促すしかないのが現状です。その際には、加害者にとっても保険加入の有無を確認するメリットがあることをよく理解してもらい、どのような保険に付加されている可能性があるかなど、保険に関する情報を提供することが有用と思われます。

(2)　被害者側の保険
　賠償義務者の賠償資力が不十分だった場合、被害者としては、傷害保険など、自ら加入している保険の支払を受けることも検討すべきこととなります。［⇒Q45］
　被害者が自分の傷害保険の支払を受けた場合にも、基本的には賠償金額から受け取った金額を差し引く必要はありません。
　ただし、自動車保険に付加された「人身傷害保険」は、被害者の契約している保険会社が被害者の被った「損害」をカバーする性質のものであり、被害者が保険会社から保険金を受け取った場合には、賠償額から控除される場合があります。なお、人身傷害保険の中には、自転車加害事故を対象外とするものも少なくありません。自分の家族の加入している保険契約の内容を改

めて確認する必要があります。

(3) TSマーク保険

以上のほかにも、加害者又は被害者が運転していた自転車に、有効期間内のTSマークの貼付がある場合には、重傷の場合、賠償責任保険や傷害保険が支払われる場合があります［⇒Q46］。

(4) その他

被害者が通勤途上で事故に遭った場合には、通勤災害として、労災保険の適用が受けられます。

また、自動車事故と同様、自転車事故においても、健康保険での診療を受けることができます。

健康保険の場合は「第三者行為による傷病届」を健康保険組合等に提出し、労災保険の場合には「第三者行為災害届」を労働基準監督署に提出する必要があります。

4 示談交渉

(1) 示談交渉の当事者

自転車加害事故の場合、上記のように賠償義務者が賠償責任保険に加入していない場合も多く、また、賠償責任保険の適用があったとしても保険会社による示談代行サービスが付いていない場合もあるため、示談交渉は、加害者と被害者の当事者同士で行わざるを得ない場合も少なくありません。

(2) 示談交渉の難しさ

自転車事故の場合、次のような点から、示談交渉は容易に進まない場合も少なくないようです。すなわち、

① 加害者に十分な賠償資力がない場合も多いこと
② 賠償資力がないことに加え、加害者になった者に法的知識も乏しく、自転車を歩行者と変わらないもののように考えて、自転車事故による責任を軽いものと考える場合も少なくないこと
③ 自転車は走行軌道が直線的ではなく左右にふらつきながら運転したり、突然速度を変えたり停止したりすることも多い上に、運転者が周囲の交通にあまり注意を払わずに運転しているような場合もあることから、どのような態様で衝突したのか、事故後になって当事者間の記憶や

言い分が大きく食い違い、責任の有無や過失相殺などが争いとなる場合
　　も少なくないこと

などです。

(3) **示談交渉時の注意点**

　事故態様についての当事者の言い分が食い違った場合、自動車事故と比べ自転車事故では、道路の痕跡や自転車の衝突箇所の損傷などが残りにくく、事故当事者のどちらの言い分が正しいのか、より判断が困難な場合もあり得ます。立証の困難さも考慮しつつ、示談交渉に臨む必要があるでしょう。

5　示談以外の解決方法

　示談以外の解決方法としては、調停や少額訴訟、通常訴訟、弁護士会等の仲裁手続などが考えられます［⇒Ｑ65～69］。

（岸　郁子）

60

加害者からの相談

Q 自転車による事故で他人にけがをさせてしまった加害者から法律相談を受けた場合に、注意すべき点としてはどのようなものがあるでしょうか。

1 加害者の義務

(1) 事故直後の義務

　自転車は、道交法上は「軽車両」にあたり（道交2条8号・11号）、交通事故があったときには、道交法72条1項の緊急措置義務、事故報告義務等を負います。

　具体的には、緊急措置義務として、事故後直ちに運転を停止して、負傷者がいる場合にはこれを救護し、道路における危険を防止する等必要な措置を講じなければなりません（同72条1項前段）。

　また、運転者は、警察官が現場にいるときには当該警察官に、いないときには直ちに最寄りの警察署、派出所等の警察官に、事故の報告をしなければなりません（同72条1項後段）。

　報告すべき内容は、①事故の発生日時及び場所、②死傷者の数及び負傷者の負傷の程度並びに損壊した物及びその損壊の程度、③車両等の積載物、④当該交通事故について講じた措置などです。

　運転者がこれに違反すれば、救護義務違反については1年以下の懲役又は10万円以下の罰金（同117条の5第1号）、事故報告義務違反については3か月以下の懲役又は5万円以下の罰金（同119条の1第10号）といった刑事処分を受ける場合もあります。

　すなわち、自転車事故であっても、「ひき逃げ」等として処罰される可能性は十分にあるのです。

　また、運転者にそれ以外の交通違反がある場合には、道交法違反として罰

金等の刑事処分を受ける場合があります。特に最近は、自転車の交通法規違反の取締が強化されている点には注意が必要です。

さらに、自転車事故で人に怪我をさせたり、あるいは死亡させてしまった場合には、過失傷害罪（刑209条）や過失致死罪（同210条）、さらには重過失致傷罪（同211条1項後段）等の罪を問われる場合があり、重過失致傷罪が適用になる場合には、罰金刑に限らず懲役刑が科される場合もあります［⇒Q50］。

(2) **賠償義務**

自転車運転者が、故意又は過失によって、他人に傷害を負わせたり、あるいは他人の物を損壊した場合には、傷害を受けた相手方あるいは物の所有者に生じた損害を賠償すべき義務を負います（民709条）。

具体的にどのような場合に賠償責任を負うかについては、上記のように自転車も「軽車両」であることから、その運転中に他人や他の自転車等と接触するなどして他人に損害を与えた以上は、何らかの賠償責任を負うとされる可能性が高いと思われます。運転者が、客観的に見ても事故が生じないよう十分な注意を払っており、かつ、事故回避に努めたにもかかわらず事故が生じてしまったといえない限りは、賠償責任を負うことを覚悟した方がよいともいえるでしょう。

この点、自転車運転者の中には、自転車運転には免許がいらず、老若男女誰でも運転できる乗り物であることや、軽量低速であり他人に重大な傷害を与えるようなことは多くないという認識、さらに相手方当事者の落ち度の方が大きいという意識から、賠償責任を負うという事実を受け入れ難い場合もあるようです。

しかし、相手方当事者の落ち度については、過失相殺による賠償額の減額（同722条2項）という形で考慮されることはあっても、賠償責任自体が否定されるとは限りませんので、この点をよく説明する必要があるでしょう。

2 保険について

誤って自転車事故で他人に傷害を負わせたりした場合には、まずは、自分自身や家族が契約している保険で補償を受けられないかどうかを確認することが有用です。

個人賠償責任保険に加入していれば、事故の相手方に対して負担する損害賠償責任について、基本的に補償を受けることができます［⇒Q43］。

　ただし、個人賠償責任保険は、単体の商品としてはほとんど販売されておらず、自動車保険や火災保険、傷害保険等の特約として付加されている場合が多いために、加害者となった場合にも、自分がこの保険に加入しているかどうかわからないことも少なくありません。

　自分や家族の加入している上記保険の保険証書を確認したり、保険会社に確認するなどして、加入の有無をよく確認することが必要となります［⇒Q44］。

　なお、個人賠償責任保険には、保険会社の示談代行サービスが付いていない商品もあり、この場合には、加害者が自ら被害者と賠償すべき額について交渉すべきこととなります。

3　賠償の解決

　被害者に賠償すべき額を検討するにあたって、被害者が被った損害の額については、被害者が自ら主張し、立証（証明）することが必要となります。

　したがって、加害者としては、被害者から賠償請求を受けた場合には、被害者に対しこれらの証拠資料等の提出を求め、損害として明らかになった金額について賠償することになります。

　例えば、事故による傷害の内容（骨折、打撲等）や部位については診断書によって、かかった治療費の額については領収証等によって確認します。事故による負傷のため欠勤した場合などの休業損害については、休業した日数・時間のほか、休業しなければもらえたはずの（休業したためにもらえなかった）給与額（通常は事故前の給与額をもとに、1日あたりの給与を計算します）についても、書面によって確認すべきでしょう（自動車事故と同じ「休業損害証明書」の用紙を用いることも有用です）。

　また、慰謝料額についても、通常は傷害の内容と、治療に要した期間、実際に通院した日数などをもとに算定されますので、診断書や治療費の領収証等によってこれらを証明してもらう必要があります。

　さらに、自転車事故では、被害者に後遺症が残った場合に、それが賠償上考慮すべきものであるのか、その程度・等級はどのくらいかについて、自賠

責保険における後遺障害等級認定を利用することができません。そのため後遺症の有無及び程度については争いになることが多いといえます。この場合には、医療記録の確認等も必要な場合があります。

　被害者がこれらの証拠資料を提出しない場合には、加害者としては、被害者に生じた損害の有無や金額を確認することができませんので、賠償金の支払いを留保することもやむを得ない場合もあるでしょう。

　被害者が賠償を求めるのみで十分な証拠資料を提出しない場合、あるいは証拠資料があっても、被害者との間で損害の有無や額について合意が見いだせない場合、さらには被害者が被った損害額は合意できても過失相殺率（賠償額の減額）について合意ができない場合には、加害者としては、調停や裁判等によって、賠償額を決めてもらったり、仲裁してもらうことが考えられます。

　この点、通常は、調停や訴訟は、被害者から申立を行うものですが、加害者から被害者に対しても、債務不存在確認訴訟や調停という形で申し立てることができます。具体的には、加害者が被害者に対し、損害賠償義務を負担しないことあるいは○○円を超えて損害賠償義務を負担しないことの確認を求める訴訟や調停のほか、調停であれば、金額を明示せず適正な賠償額の合意成立を求めて申し立てることも可能です。

（岸　郁子）

61

ひき逃げ対応

Q 自転車に衝突されけがをしましたが、相手は逃げてしまいました。どうしたらよいでしょうか。

1 自転車と救護義務等

　自転車も道交法上軽車両にあたることから（道交2条1項8号・11号）、自転車を運転中に事故を起こした場合には、自転車運転者も救護義務等の緊急措置義務や事故報告義務（道交72条1項）を負います。

　緊急措置義務や事故報告義務は、事故の発生に責任がない場合であっても、事故の発生に関与した運転者に課されるものであり、自転車運転者が事故の被害者となった場合であっても、また自転車の単独事故であっても、自転車の交通に起因した事故が生じた以上は、これらの義務が生じます。

　したがって、本問のように、自転車によるひき逃げ事故で被害に遭った場合には、まずは警察に届け出て、捜査してもらうようにすべきといえます。実況見分も実施してもらうべきでしょう。

　なお、警察に届け出れば、自転車事故であっても交通事故証明書の発行を受けられます。これによって、事故の発生の証明が容易になり、後述するように、被害者が自分の傷害保険等を請求する場合にも役に立ちます。

　警察の捜査によって、事故の加害者が発見された場合には、加害者である相手方は、過失傷害などの刑事責任を負う場合があると同時に、救護義務違反あるいは事故報告義務違反として処罰される場合もあります（自転車運転者の救護義務違反の場合には1年以下の懲役又は10万円以下の罰金、道交117条の5第1号。事故報告義務違反については3か月以下の懲役又は5万円以下の罰金、同119条1項10号）。

　したがって、警察への届出を行うことは被害者にとってもメリットのあることといえます。

2 加害者が見つかったとき

　警察の捜査等により、事故の相手方である加害者が発見された場合には、被害者は、加害者に対し損害賠償請求（民709条以下）をすることができます。

　また、例えば加害者が小さい子どもの場合にはその親権者や、業務中の事故の場合には加害者の使用者の責任を追及できる場合もあります（同714条、715条。[⇒Q18、21]）。

3 加害者が見つからなかったとき

　不幸にして加害者が発見されなかったときには、被害者は他に賠償責任者がいない限り、賠償請求はできないこととなります。

　自転車事故には自動車事故のような「政府の保障事業」（自賠71条以下。加害者が不明な自動車によるひき逃げ事故や、自賠責保険無加入の自動車による事故による被害者に対し、政府が自賠責保険と同程度の補償を行う制度）による保護もありません。

　被害者は、自分が契約している傷害保険や社会保険等による給付を受けて、少しでも損害を回復するほかありません。

(1) 傷害保険

　傷害保険[⇒Q45]には、普通傷害保険（日常生活において生じた事故による傷害をほとんどカバーする保険）のほか、交通傷害保険、旅行傷害保険、積立傷害保険等があります。支払われる保険金としては、死亡や後遺障害保険金のほか、それ以外の場合にも、傷害の内容や部位、あるいは入院・通院日数に応じて一律の金額が支払われます。

　契約者本人だけではなく、その家族の傷害をカバーするものもありますので、家族の契約している保険の支払を受けられないかどうかも確認してみるとよいでしょう。

　また、自動車保険に付帯されている「人身傷害保険」の中には、自動車事故に限らず、自転車事故による傷害もカバーするものもあるようです。被害者自身又はその家族の契約する自動車保険の内容もよく確認してみることが必要です。

(2) TSマーク保険

　被害者が搭乗していた自転車に、有効期限内のTSマークが貼付されている場合には、自転車事故で重傷を負った被害者は、TSマーク保険の傷害保険金を受け取ることができます［⇒Q46］。

(3) 社会保険

　自動車事故と同様、自転車事故で傷害を負った場合にも、健康保険や労災保険を使うことができます。

　労災保険では、加害者から支払われるべき慰謝料に相当する金額の支払はありませんが、治療費のほか休業補償なども受けられますので、通勤災害や業務中の事故であれば、労災保険が使えないか検討してみるとよいでしょう［⇒Q47］。

（岸　郁子）

62

示談の留意点

Q 自転車加害事故で示談をする場合には、どのような点に注意すべきですか。

1 示談とは

　示談とは、事故当事者である被害者と加害者等の賠償義務者との間の話し合いにより、損害賠償金の支払について合意をすることをいいます。示談は、民法695条の「和解契約」にあたります。

　示談の内容としては、通常は、加害者等の賠償義務者が被害者に対し、一定の損害賠償金を支払うことを約束し、被害者が賠償義務者に対し、その金額以上に賠償請求権が存在しないことを確認して、同金額を受け取ったあとはそれ以上の請求を一切行わないことを約束する、というのが一般的です。

　示談は、法律上は口頭によるものでも有効ですが、後に成否が争いになることを避けるため、通常は、被害者及び賠償義務者双方が示談書に署名押印することによって成立します。

　示談は「和解」あるいは「合意」ですので、当然ながら、当事者が賠償責任の有無や賠償金額、過失相殺率などに納得しなければ示談は成立しませんし、賠償義務者に支払意思や能力がない場合には、示談をするよう強制することはできません。

2 示談の時期

　示談は、基本的には、損害賠償請求を最終的に解決するものです。多くの示談書には、上記のとおり、加害者が被害者に支払うべき賠償金額を合意する条項、その支払い方法を定める条項のほか、「当事者には他に債権債務がない」旨を確認する条項（清算条項）が入ることとなります。

　したがって、事故直後や被害者がまだ治療中の場合には、最終的に損害額

がどのくらいになるのかが確定しませんので、示談はできないこととなります。示談は、通常は、被害者の治療が終了して傷害が治ったか、あるいは今後も治らない後遺障害が残ることが確定したあと（症状固定後）に行われるものです。

　この点、早く支払って賠償の煩わしさから解放されたい加害者側の気持ちや、治療費等がかさみ早く賠償を受けたい被害者側の気持ちなどが相まって、被害者が治療中であるにもかかわらず示談をしてしまうようなケースもときおり見受けられます。

　しかし、清算条項を入れて示談を成立させたあとで、想像以上に治療が長引いたり予想外に後遺障害が残ってしまった場合、それ以上の賠償請求はできないことが当然予想されますから、示談をする際には慎重な検討が必要です。

　また、一応治療は終了した場合であっても、知れざる後遺症が発生する不安があるときには、留保条項を付けて示談から外しておく必要があるでしょう。例えば、股関節の骨頭に小片壊死が認められた場合に、その時点では手術の必要がない場合でも将来においては人工骨頭置換術を受けざるを得ないことがあります。そのように治療終了時には後遺症はないものの、将来それが後遺症を引き起こすことが確実な事象が現時点で判明しているような場合には、示談の効力の及ぶ範囲に関する争いを回避するために、留保条項を入れて示談することが必要です。

　なお、示談成立前であっても、治療費や休業損害などについて賠償金の内払いあるいは仮払いを受けることは可能ですので、被害者が治療費等の支払に窮する場合には、内払いあるいは仮払いという形で支払を受けることを検討すべきでしょう。

3　示談の方法

　自動車事故においては、ほとんどの場合、自動車保険に示談代行サービスが付いています。したがって、示談の場面では、保険会社の担当者が加害者側の示談交渉窓口として、交渉を進め、応じることが多いものと思われます。

　これに対し、自転車事故で適用になる個人賠償責任保険には、示談代行

サービスがついてない場合もあります。また、示談代行サービスは、加害者側の保険に付加されるサービスですので、加害者が保険に入っていることが前提となります。

したがって、多くの自転車事故では、示談の際には、被害者と加害者が直接当事者同士で話し合いをすることとなります。

当事者同士の話し合いで示談がまとまったものの、分割払い等の約束となり将来の支払に不安があるような場合には、公証人役場で公正証書（執行受諾文言付）を作成してもらうことが考えられます。これがあれば、将来分割払いが滞った場合には、加害者本人の財産に強制執行ができることとなります。

また、分割払いとなった場合には、被害者としては加害者の両親、家族等の連帯保証を求めることも有用です（ただし、連帯保証をするよう強制することはできません）。

4 示談交渉が成立しないとき

示談交渉がうまく行かないときには、自動車事故については、（公財）交通事故紛争処理センター等の無料の示談斡旋を利用できますが、自転車事故ではこれらの手続は利用できません（ただし、（公財）日弁連交通事故相談センターやそんぽADRでは、加害者側が示談代行サービス付の保険に加入している場合には、示談斡旋ができる場合があります ［⇒Q66］）。

したがって、自転車事故では簡易裁判所の調停を利用するか、少額訴訟や通常訴訟などの訴訟の提起を考えるほかないといえます。

5 示談の無効・取消、再示談

示談は「和解」という契約の一種ですから、一旦示談が成立した以上、この効力を覆すことは原則としてできないといえます。

(1) 示談の無効・取消

ただし、例外的に、民法の規定により、無効の主張や取消ができる場合があります。

例えば、警察等に提出するためだけに、本心ではない示談書を作ってしまったような場合には、①心裡留保（民93条。当事者が真意でないにもかかわ

らず、示談に合意する旨の意思表示をしたときで、相手方がその真意を知りあるいは知ることができた場合）、あるいは②通謀虚偽表示（同94条。示談の相手方と通じて、虚偽の示談をした場合）の規定により示談は無効となる場合があります。ただし、一旦示談をした以上、後になって、示談が本心ではなかったことや虚偽であったことを証明することは難しく、示談を無効とすることは決して容易とはいえません。

　また、示談が③錯誤により無効とされる場合もあります（同95条）。錯誤とは言っても、単純に勘違いがあったというだけでは無効とはならず、示談の際に前提として争いとならなかった事実について要素の錯誤があった【大判大正6・9・8民録23号1342頁】といえることが必要で、かつ、錯誤があった者に重大な過失があったときは、無効の主張はできません。

　自動車事故の裁判例を見ると、示談の錯誤無効を認めたものとして、医師による治癒との診断を信頼しこれを前提にして示談したにもかかわらず、その後、医師が脱臼の傷害を見落としており診断に誤りがあったことが判明したという事案【東京地八王子支判平成14・4・10交民35巻2号495頁】などがありますが、他方、治療中に示談を行った場合に、被害者が自ら早期の示談を望み、後日後遺障害が発生した場合には自賠責保険の被害者請求で解決することを了解して行った示談について、錯誤があったとは認められないとされたもの【大阪地判平成13・4・17交民34巻2号515頁】などもあります。

　また、示談の内容が④公序良俗に反する場合も示談は無効となります（同90条。例えば、加害者が自分の利益のために、被害者の無知に乗じて、相当低額な示談を成立させたような場合などが考えられます）。⑤詐欺や脅迫により示談を行った場合には、示談を取り消すことができます（同96条）。

(2)　再示談

　慎重な検討を経て示談をしたにもかかわらず、その際には予測できなかった後遺障害等が後に発生した場合、再示談（賠償金の追加請求）はできないのか、という問題もあります。

　【最判昭和43・3・15民集22巻3号587頁】は、「一般に、不法行為による損害賠償の示談において、被害者が一定額の支払を受けることで満足し、その余の賠償請求権を放棄したときは、被害者は、示談当時にそれ以上の損害が存在したとしても、あるいはそれ以上の損害が事後に生じたとしても、示談

額を上回る損害については、事後に請求しえない趣旨と解するのが相当である」とした上で、「交通事故による全損害を正確に把握し難い状況のもとにおいて、早急に、小額の賠償金をもつて満足する旨の示談がされた場合においては、示談によつて被害者が放棄した損害賠償請求権は、示談当時予想していた損害についてのもののみと解すべきであつて、その当時予想できなかつた不測の再手術や後遺症等」については、被害者は、後日その損害の賠償を請求することができるとしました。

　裁判例を見ると、再発のおそれがないものと考え示談したところ、その後再発により2度の入通院をせざるを得なかったという事案で、示談書の効力を否定したもの【札幌地判平成元・11・29自保ジ判例レポート86－No.20】等があります。

(岸　郁子)

63 示談代行

Q 自転車事故が発生した場合に、保険会社による示談代行がなされる場合と、なされない場合があると聞きましたが、どうなのでしょうか。

1 保険会社の示談代行

　示談代行とは、被害者やその相続人から損害賠償請求を受けた被保険者らの加害者に代わって、加入保険会社自らが解決する制度をいいます。

　交通事故の場合、弁護士以外の者が示談交渉等を行うことは、形式的に見ても弁護士法72条違反（非弁行為）にあたる疑いが強いともいえます。

　しかしながら、交通事故の激増等から事故処理を迅速かつ公平に処理する必要性等も踏まえ、被害者救済及び弁護士法72条の解釈をめぐる将来の紛争を回避するため、日弁連と保険会社間で協議が行われ、対人・対物保険の保険会社による示談代行が一定の条件の下で認められました（『自動車保険の解説2012』16頁（保険毎日新聞社、2012年））。

　ところが最近では、自動車保険以外の保険でも、特約として付されている個人賠償責任保険について、示談代行サービスを付するものも散見されるようになってきました。示談代行サービスの有無は保険契約の内容によって異なりますので、約款及び特約の規定を十分調査する必要があります。

2 自転車事故における示談代行

　以上の経緯を踏まえると、個人賠償責任保険や自転車保険、TSマーク付帯保険では、保険会社の示談代行はできないということになり、保険会社のサポートがあるとはいえ、示談代行サービスが付かない場合、原則として加害者自身が被害者と交渉することになります。

　また、火災保険等の特約として個人賠償責任保険が付帯されている場合

も、火災保険では示談代行は行っていませんから、やはり原則として加害者自身が被害者と交渉することになります。ただし、その場合でも、示談書作成などについての助言を保険会社から得られる援助義務を定めていることがありますので、必要な情報を得ることはできる余地はあります。

　加害者自身が交渉した場合に相手方との交渉がこじれたり、過大な請求をされたり、過失割合で合意できないようなときには、弁護士への委任が必要となるでしょう。

　この場合には、(保険会社が弁護士費用を負担して)弁護士に交渉等を委任することになるでしょう。訴訟提起された場合も同様です。

　以上に対して、示談代行サービスが付いている場合にも、1回の事故につき、被保険者が負担する法律上の損害賠償責任の総額が日常生活賠償保険金額を明らかに超える場合、損害賠償請求権者が保険会社と直接、折衝することに同意しない場合、正当な理由なく被保険者が保険会社への協力を拒んだ場合には、示談代行はなされません。

(中村直裕)

64

相談機関

Q 自転車事故に関する損害賠償請求について相談できる機関には、どのようなところがありますか。

1　相談の必要性

　自転車事故の損害賠償について、事故の当事者は損害賠償額の算出や過失相殺の問題について判断することは難しいことが多いと思われます。自転車事故では、加害者が任意保険に入っていることは必ずしも多くない上、保険があっても通常保険会社の示談代行はありませんから、保険会社が対応するということもなく、被害者と加害者が直接話し合いをしなければなりません。また、自転車には自賠責保険がありませんから、被害者に後遺症が残った場合でも、自賠責保険の後遺障害等級認定手続を受けることができないので、後遺障害の程度について争いになることもあるでしょう。そのため、加害者と被害者の言い分が異なり、話し合いができない場合があると考えられます。そのような場合に、適正妥当な解決を図るためには、まず弁護士等の専門家に相談することが必要でしょう。

2　相談の機関

　相談の窓口としては、内閣府が援助している交通事故相談所が都道府県や政令指定都市に設置されており、専門の相談員に無料で相談することができ、内容によっては弁護士相談も受けられます。
　また、（公財）日弁連交通事故相談センター（以下「日弁連交通事故相談センター」という）では、自動車事故の相談のほか自転車事故についても弁護士に相談ができます。
　日弁連交通事故相談センターは、全国の弁護士会や市役所等に相談所が設けられており（現在159か所）、相談者は無料で弁護士に相談をすることがで

きます。また、東京では電話相談にも応じています（東京以外の地域の方でも相談できます）。

3 紛争解決の機関

　自転車事故の紛争解決の方法としては、当事者間での話し合いができない場合には、裁判所に訴訟を起こすほか［⇒Q69］、簡易裁判所での調停［⇒Q65］、裁判外の紛争解決手続（ADR）として弁護士会の仲裁センターの斡旋・仲裁、司法書士会や行政書士会の調停や損保協会のADR［⇒Q66］などの手続があります。

　なお、自動車事故については、（公財）交通事故紛争処理センターが利用できますが、自転車事故については利用できません。

（鹿士眞由美）

65 調　停

Q 加害者に治療費などを請求しても支払ってくれないので、法的手続をとりたいのですが、調停という制度があると聞きました。どのような手続ですか。

1　調停とは

　当事者間での交渉がなかなかうまくいかない場合に利用できる制度として、簡易裁判所における民事調停があります。

　調停は、調停委員会が当事者の主張を調整し、当事者の互譲による合意形成を図る制度です。調停委員会は、原則として裁判官1名と調停委員2名により構成されています。調停委員は、弁護士や一般の学識経験者などで裁判所によって任命されます。

　実際の手続では、主として調停委員2名によって手続が進行し、裁判官は毎回期日に出席するのではなく、調停の成立若しくは不成立などの重要な判断を要する場面で出席するのがほとんどです。

　調停委員会による調整によって当事者双方の合意ができれば調停成立ということになりますが、1回で話がまとまらなければ、何回か期日が続行され、それでも合意ができないときには調停は不成立となって終了することになります。

2　調停申立の方法

　調停の申立は、相手方の住所を管轄する簡易裁判所又は当事者が合意で定める地方裁判所か簡易裁判所に対して行います（民事調停法3条）。

　調停申立書には、当事者、申立の趣旨、紛争の要点を記載する必要があります。申立の趣旨には、具体的な請求金額を記載しますが、「相当額を支払え」という記載でも受け付けてもらえます。また、賠償を請求されている方

から「損害賠償額の確定を求める」という申立をすることもできます。

調停申立の費用としては、請求額に応じた一定額の印紙を申立書に貼り、相手方に送達するための切手を納める必要があります。調停申立の印紙代は訴訟を提起する場合に必要な印紙代よりも安くなっています。

裁判所に申立書や証拠資料を提出する際は、裁判所用の正本1通のほか、相手方に交付するために相手方の人数分の副本（写し）を提出します。

3 調停の特徴

調停は、訴訟とは異なり非公開で行われ、厳格な手続ではなく、1回の期日にあてられる時間も長く、申立人と相手方とが交互に個別に事情を聞かれる場合もあり、当事者は自分の主張を比較的自由に十分に述べることができます。

また、裁判所の許可を受ければ弁護士以外の人でも代理人になることができますし、申立費用も訴訟に比べ安いので、費用をかけなくても利用することができます。そして、調停が成立すると調停調書が作成され、その効力は確定判決と同じですから、相手が履行しない場合には強制執行をすることもできます。

しかし、調停はあくまでも当事者の互譲による解決ですから、相手方が出頭しなかったり、主張を譲ろうとしなければ、不成立となってしまいます。正当な事由がなく出頭しないときは、5万円以下の過料に処せられますが（民事調停法34条）、訴訟のような欠席判決の制度はありません。したがって、話し合いができなければ結着がつかないということになってしまいます。

もっとも、裁判所は、調停が成立する見込みがない場合において相当と認めるときは、調停委員の意見を聞いて、一切の事情を考慮して、職権で申立の趣旨に反しない限度で必要な決定をすることができます（同17条）が、このいわゆる17条決定に対しては、当事者は決定の告知を受けてから2週間以内に異議の申立をすることができ、異議の申立があると決定は効力を失います（同18条）。

自転車事故でも民事調停を利用することができます。そのような場合、交通事故による損害賠償に詳しい調停委員に配点される配慮がなされる場合もあります。もっとも、例えば事故態様に争いがあり過失についての双方の主

張に隔たりが大きいときなどは、調停での解決は難しい場合もあると考えられます。

　なお、調停が不成立となった場合には、2週間以内に訴を提起すれば、調停の申立のときに、訴の提起があったものとみなされます（同19条）。この場合、訴訟を提起するための印紙は、調停申立時に貼った印紙額を控除した差額を貼ればよいことになっています（民事訴訟費用等に関する法律5条1項）。

（鹿士眞由美）

66

調停以外のADR

Q 裁判所で行う調停以外の裁判外紛争解決手続について教えてください。

1　ADR（裁判外紛争解決手続）

　当事者同士での話し合いがうまくいかない場合に、ADRを利用することもできます。
　ADRとは、訴訟手続によらず民事上の紛争を解決しようとする紛争の当事者のため、公正な第三者が関与してその解決を図る手続です（裁判外紛争解決手続の利用の促進に関する法律1条）。裁判は厳格な手続で、費用や時間もかかることが多いのに対して、ADRは柔軟な手続で簡便に利用できる制度となっています。
　自転車事故について利用できるADRとしては、弁護士会の斡旋・仲裁手続、司法書士会や行政書士会の調停手続、全労済の「マイカー共済」で自転車賠償責任保険特約が付いている場合には、日弁連交通事故相談センターの示談斡旋手続の利用、そのほか被害者の直接請求権が規定されている保険については（一社）日本損害保険協会（以下「損保協会」という）のADRセンターを利用することができます。
　なお、自動車事故については、交通事故紛争処理センターや日弁連交通事故相談センター（前記の全労済の場合を除く）の手続が利用できますが、自転車事故についてはこれらの制度は利用できません。

2　弁護士会の斡旋・仲裁手続

　各地の弁護士会では（2014年5月現在32弁護士会）、当事者間の話し合いで解決できない紛争について中立的な第三者である斡旋人、仲裁人等が当事者双方の言い分を聞いた上で当事者の合意のもと解決を図ったり（和解）、

話し合いがまとまらなかったときは解決基準（仲裁判断）を示すことで紛争を解決する手続を行っています。

　仲裁とは、当事者が民事上の紛争の解決を私人である第三者（仲裁人）に委ねて、その判断に服することを合意し（仲裁合意）、その合意に基づき紛争を解決する制度で（仲裁法）、仲裁人による仲裁判断には、確定判決と同一の効力が認められています（仲裁法45条）。

　東京等の弁護士会で行われている斡旋（和解・調停）・仲裁手続の概要は次のとおりです。

　斡旋・仲裁を求める当事者は、仲裁センター（紛争解決センターなどの名称による場合もあります）に申立をしますが、当事者間で事前に仲裁合意がある場合には仲裁人が選任され仲裁手続が進み、事前に仲裁合意がない場合には、斡旋人による調停斡旋や仲裁人予定者による和解手続が行われます。

　仲裁人は、事件の種類・性質によって、ベテランの弁護士や元裁判官、学識経験者等から選任されます。また、当事者が仲裁人候補者の中から選ぶこともできます。

　初めから仲裁合意があるときは、仲裁期日に手続が進められ、仲裁人により紛争の解決基準を示す仲裁判断がなされ、仲裁判断書が作成されます。事前に仲裁合意がない場合には、まず斡旋や和解の期日に相手方を呼び出しますが、相手方が期日に出席しない場合には、手続は進めることができません。当時者双方が期日に出席すると、当事者双方の話を聞いて妥協点が見いだせるように調整をします。その結果、和解が成立したときには、和解契約書を作成して手続が終了しますが、和解で解決した場合にも仲裁合意によって仲裁判断とすることもでき、そうすると仲裁判断書が作成され、確定判決と同じ効力を持ちます。

　事件によっては、途中で仲裁手続から和解手続に進むこともあれば、その逆の場合もあります。

　斡旋・仲裁は訴訟と異なり非公開で行われ、手続は柔軟に期日も迅速に設定され、また、仲裁判断には原則として不服申立ができず、紛争が早期に解決されることになります。

　費用としては、定額の申立手数料のほか、期日手数料、仲裁判断又は和解成立時に解決額に応じた成立手数料が必要となります。

3　司法書士会や行政書士ADRセンターの調停手続

　各地の司法書士会や行政書士会では、ADRセンターにおいて自転車事故についての調停を行っています。これらの調停は、公正な第三者である調停人が当事者双方の言い分を聞いて、妥当な解決ができるように、合意の形成を図るようにするというものです。

　調停の申込が受理されると相手方への呼びかけがなされ、相手方が調停を依頼すると、調停人が選任され話し合いの手続が始まり、合意が成立すると合意書が作成されます。費用としては、申込手数料のほか期日手数料を支払う必要があります。

4　日弁連交通事故相談センターの示談斡旋

　自転車事故は原則として日弁連交通事故相談センターの示談斡旋の対象とはなりませんが、全労済の共済契約（マイカー共済）で自転車賠償責任保険特約が付いている場合には、示談斡旋を行うことができます。示談斡旋は、弁護士が当事者双方から事情を聴いて妥当な解決を図るように斡旋を行う手続です。示談斡旋も非公開で、当事者は自分の主張を十分に述べることが可能です。また、示談斡旋が不調となった場合、全労済の事件については、被害者又は被共済者が希望する場合、審査を申し出ることができ、全労済は審査の結果を尊重することとなっています。なお、示談斡旋は無料です。

5　損保協会のADRセンターの紛争解決手続

　（一社）日本損害保険協会によるそんぽADRセンターにおいては、損害保険業務等にかかる紛争解決等業務を行っており、その中で交通賠償（被害者が保険会社に対し直接請求権を有する場合の被害者と保険会社間の紛争）については、弁護士が紛争解決委員として和解案の作成・提示などの手続を実施しています。

　個人賠償責任保険があり、かつ直接請求権が認められている場合には、そんぽADRセンターの利用も有用と思われます。

6 自転車普及協会の自転車 ADR センターの調停手続

　自転車事故に特化した ADR として、(一社) 日本自転車普及協会 (自転車普及協会) による自転車 ADR センターが平成25年2月に開設されました。自転車 ADR センターでは、①自転車と歩行者の事故、②自転車同士の事故、③自転車による器物損壊について、弁護士を含む3名の調停委員により構成される調停委員会が調停手続を進行させ、和解案を当事者に提示するなどします。費用としては、申立手数料のほか、和解成立手数料等を支払う必要があります。

(鹿士眞由美)

67 少額訴訟

Q 自転車事故の被害者ですが、加害者が治療費も払ってくれません。少額なので弁護士を頼まないで自分で裁判をやりたいと思います。少額訴訟という制度があると聞きましたが、どのような手続でしょうか。

1　少額訴訟とは

　少額訴訟とは、請求する金額が60万円以下の金銭請求について、原則として1回の口頭弁論期日で審理を完了し紛争を解決する手続で、簡易裁判所で審理が行われます（民訴368条1項本文）。

　請求する金額が140万円以下の場合には、通常訴訟の第一審の管轄裁判所は簡易裁判所ですが、通常訴訟では、訴状を提出して裁判所が被告を呼び出し第1回期日が開かれても、被告が争う場合には、その後何回かの期日に当事者双方が主張、立証をし、それから和解手続や最終的には判決で結論が出るということになり、解決までにかなりの期間がかかることがあります。少額訴訟では、通常の訴訟手続よりも手間と時間をかけないで、決着をつけることができるわけです。

2　少額訴訟の手続

　少額訴訟を起こすときも裁判所に訴状を提出しますが、裁判所に備え付けてある定型訴状用紙を利用して必要事項を記入し作成することができます。少額訴訟による審理と裁判を求めることは、訴えの提起のときに申述しなければなりません（民訴368条2項）。

　被告の住所が不明の場合に、通常訴訟では被告に対する訴状や呼出状の送達は公示送達の手続により行うことができますが、少額訴訟では公示送達によることはできません。必ず、第1回口頭弁論期日の呼出状と訴状は被告に

送達されなければならないのです（同373条3項3号）。

　少額訴訟は、原則として1回の口頭弁論期日で審理を完了するものとされていますので、当事者は第1回期日までに自分の主張と証拠書類を用意し、証人がある場合には、期日に法廷に同行することが必要です。

　そして、少額訴訟の判決は即日言渡が原則ですから（同374条1項）、当事者は1回だけ裁判所に出頭すればよいことになります。

　少額訴訟の判決に対しては、控訴はできず異議申立のみが許されます（同377条、378条1項）。異議申立後は通常の訴訟手続に移行し、それについての判決は少額異議判決といいます。この少額異議判決には控訴はできません（同380条1項）。

　したがって、少額訴訟の場合には、異議申立がなければ第1回期日に即日、異議申立がなされても簡易裁判所ですべて手続が終了し、早期に決着がつくことになります。

3　少額訴訟を起こされた場合

　少額訴訟を起こされて被告となった場合、通常訴訟の手続に移行させることを求めることができますが、口頭弁論が開始されるまでにその旨の申述をしなければなりません（民訴373条1項）。そうでないと通常訴訟に戻してもらうことは、裁判所が特別に判断しない限りはできません。したがって、被告としては、争う点があって1回の審理では十分な反論ができないときには、口頭弁論が開始されるまでに通常手続への移行を求める必要があります。

　また、少額訴訟では、被告からの反訴請求はできません（同369条）。即日審理、判決という制度には、なじまないと考えられたからです。

　少額訴訟においても欠席判決の制度がありますので、欠席する場合に反論があれば、答弁書に自分の主張を記載し証拠を提出する必要があります。

4　自転車事故と少額訴訟

　自転車事故では、損害額がそれほど大きくないことも多いので、請求額が60万円以下の場合には、少額訴訟を利用することができますが、事故態様に争いがあって過失割合が問題となる場合や、加害者にも損害が生じていて

その賠償が問題となっている場合などには、少額訴訟での解決は困難だと考えられます。
　したがって、従前の交渉の経緯や相手方の主張を考慮して、少額訴訟をするかどうかを判断した方がよいでしょう。

（鹿士眞由美）

68

執　行

Q 裁判で加害者に支払を命じる判決が出ましたが、加害者が支払ってくれません。どうしたらよいでしょうか。

1　強制執行

　裁判で加害者である被告に「原告に対して〜円を支払え。」という金銭の支払いを命じる判決が出た場合、被告が判決に従って任意に支払をしてくれればよいのですが、そうでない場合には、原告（債権者）は別途執行裁判所に強制執行の申立をして被告（債務者）から取り立てなければなりません。このような強制執行を行うためには、確定判決、仮執行宣言付判決などの債務名義が必要です。

　判決に仮執行宣言が付いていれば、判決の確定前でも強制執行の申立ができます。

　判決に基づいて強制執行を行うには、事件の記録のある裁判所の裁判所書記官に執行文の付与を申し立てます。執行文というのは、債権者が債務者に対してその債務名義により強制執行ができる旨を債務名義の末尾に付記するものです（民事執行法26条1項・2項）。

　金銭の支払いを命じる判決に基づいて行うことができる主な強制執行としては、不動産執行、債権執行、動産執行があります。いずれにしても、差し押さえるべき債務者の財産については、債権者が調査しなければなりません。

　具体的な強制執行の方法の概略は次のとおりです。

2　不動産執行

　債務者の所有する不動産を差し押さえて、裁判所が競売にかけ、売却代金から配当を受けるという手続です。申立は目的の不動産の所在地を管轄する

地方裁判所にします。裁判所は申立を審査して競売開始決定をし、開始決定により目的の不動産に差押の登記がされます。その後、執行官や評価人により物件の調査が行われ、現況調査報告書、評価書、物件明細書が作成され、最低売却価格が決定されます。売却は基本的に期間入札によって行われ、最高価で落札した買受人が代金を納付し、買受人に所有権が移転します。このような売却の手続が行われて代金が配当されることになります。裁判所に申立をする際には、予納金を納めなければならず（東京地裁では、請求債権額が2000万円未満の場合は60万円）、差押の登記のための登録免許税などの費用もかかります。また、競売申立から配当までには早くても半年位の期間を要しますので、比較的損害額が少ない自転車事故については、あまり適していないといえるでしょう。

３　預金等の債権執行

　債務者の預金債権や給与債権などを差し押さえるのが債権執行です。債務者が債権を持っている相手方、例えば預金債権であれば、預金のある金融機関のことを第三債務者といいます。

　裁判所は、差押の申立を審査し、債権差押命令を発令し、債権差押命令が債務者に送達された日から１週間が経過すると、債権者は第三債務者から取り立てることができます。預金債権を差し押さえるには、債務者のどの預金を差し押さえるか、金融機関、支店名などを特定しなければなりませんが、事故の相手である債務者がどこの金融機関に預金しているかを知ることは困難でしょう。

　債務者の勤務先がわかっている場合には、給与債権を差し押さえることができますが、給与の差押は債務者の生活に対する影響が大きいので、差し押さえることができる範囲が限定されています。この差押禁止の範囲は、毎月の給与を差し押さえる場合、給与の４分の３か、33万円のいずれか少ない方となります（民事執行法152条３項、民事執行令２条１項１号）。

４　動産執行

　債務者の動産を差し押さえ、売却代金から配当を受けるという手続です。申立は、動産所在地の地方裁判所の執行官に対してします。差押の対象は原

則として債務者の占有する動産で、第三者の所有であることが明らかである場合を除いて、執行官は債務者の所有がどうかを調査することなく差し押さえます。差押は債務者の日常生活に必要な物など差押禁止財産を除いて行われます。差押により債務者は差押物を処分することができなくなります。差押物は競り売り期日に売却され、その代金が差押債権者や配当要求をした債権者に配当されます。いわゆる家財道具はほとんど差押禁止財産となっており、債権回収の手段として実効性が乏しい場合もありますが、現金は動産として差押ができます。

（鹿士眞由美）

69

訴　訟

Q 歩行中に後ろからきた自転車に衝突されて大けがをしました。損害賠償請求の訴訟手続について教えてください。

1　訴訟提起の手続

　当事者間で損害賠償について話し合いがつかない場合、最終的には裁判所に訴訟を起こして判断してもらうことになります。

　訴訟を起こす場合に弁護士に依頼するかどうかですが、民事訴訟については弁護士を代理人として付けることは義務付けられていないので、本人が自分で訴訟を起こすこともできます（本人訴訟）。

　訴訟を起こすには、まず、訴状を裁判所に提出しなければなりません。どこの裁判所に訴訟を起こすかですが（管轄の問題）、これは、相手の住所地、事故のあったところ（不法行為地）又は自分の住所地を管轄する裁判所で、請求金額（訴訟物）が140万円以下の場合は簡易裁判所に、それを超える場合は地方裁判所に起こすことになります。なお、当事者が管轄裁判所を合意したときは、その裁判所に訴えを起こすこともできます。

　訴状に記載を要する主な事項は次のとおりです。

　① 当事者（原告、被告）の表示

　　当事者の住所、氏名を記載します。会社の場合には代表者の氏名、未成年者の場合には法定代理人の氏名も記載します。

　② 請求の趣旨

　　原告が求める判決の内容を記載します。

　③ 請求の原因

　　請求の趣旨を理由付ける主張です。自転車事故の損害賠償請求の場合、請求原因は民法上の不法行為（民709条、715条等）と考えられますので、事故の発生の事実、損害の発生のほか、被告の過失を理由づける

主張をしなければなりません。

そのほかに、訴状に添付する委任状や資格証明書などの付属書類、訴を提起した年月日、提出する裁判所名などを記載します。

訴状を提出する際には、請求額に応じた収入印紙を貼らなければなりません。また、被告に送達するための切手（郵券）が必要です。訴状や証拠書類（書証）を提出するときは、裁判所用の正本1通と被告に送達するための副本（写し）を被告の人数分提出します。

2　訴訟提起後の手続

裁判所に訴状を提出すると、原則として訴え提起から30日以内の日に第1回の口頭弁論期日が指定され（民訴規60条）、被告に対して訴状と呼出状が送達されます。被告は訴状を受け取ったら、原告の主張に対する自分の主張を答弁書に記載して提出します。被告が最初の口頭弁論期日に出頭しないで、答弁書も提出していないときは、請求を争わないものとして、原告の請求が認められることがあります（欠席判決）。

訴訟の手続は、だいたい1か月に1回くらいのペースで進行し、当事者は自分の主張を準備書面に記載し、また裏付けとなる証拠を提出します。書証には番号を付け、原告が提出する書証は「甲第○号証」、被告が提出する書証は「乙第○号証」とします。証拠調べとしては、書証のほか、証人尋問や鑑定、検証などの手続が行われることもあります。

自転車事故でけがを負った場合、損害を立証するためには、診断書、治療費についての病院の領収証、けがで仕事を休んだ場合には休業損害証明書、源泉徴収票や給与明細書などのコピーを裁判所に提出することになります。

裁判所は、審理を進めていく途中で、折を見て当事者に和解を勧めることがよくあります。和解は法廷ではなく裁判官室等で裁判官が当事者双方の話を聞き、妥協点が見いだせるように調整が行われます。和解がまとまれば、裁判所で和解調書が作成され、これには確定判決と同一の効力がありますので、相手方が履行しないときは、強制執行をすることができます。

裁判所での和解が成立しない場合には、判決が言い渡されます。判決の結論に不服がある場合、判決を受け取ってから2週間以内に控訴することができます。

（鹿士眞由美）

〈巻末資料〉

○交通の方法に関する教則（抄）

（昭和53年10月30日国家公安委員会告示第3号）

最終改正：平成22年12月17日国家公安委員会告示第34号

第3章　自転車に乗る人の心得

　自転車の通行方法は、特別の場合のほかは自動車と同じです。自転車に乗るときは、特にこの章に書かれている事柄に注意しましょう。

第1節　自転車の正しい乗り方

1　自転車に乗るに当たつての心得
　(1)　酒を飲んだときや疲れが激しいときは、乗つてはいけません。
　(2)　ブレーキが故障している自転車には乗つてはいけません。また、尾灯、反射器材のない自転車には、夜間乗つてはいけません。なお、反射器材は努めてJISマークの付いたものを使いましよう。
　(3)　サドルにまたがつたときに、足先が地面に着かないような、体に合わない自転車には乗らないようにしましよう。
　(4)　交通量の少ない場所でも二人乗りは危険ですからやめましよう。ただし、幼児用の座席に幼児を乗せているときは別です。
　(5)　かさを差したり、物を手やハンドルに提げたりして乗るのはやめましよう。犬などの動物を引きながら自転車に乗るのも危険です。
　(6)　げたやハイヒールを履いて乗らないようにしましよう。
　(7)　自転車に荷物を積むときは、運転の妨げになつたり、不安定となつたりするなどして、危険な場合があるので、そのような積み方をしてはいけません。傘を自転車に固定して運転するときも、不安定となつたり、視野が妨げられたり、傘が歩行者に接触したりするなどして、危険な場合があります。
　(8)　子供の保護者は、子供が自転車を運転するときや、幼児を幼児用座席に乗せるときは、子供に乗車用ヘルメットをかぶらせるようにしましよう。
　(9)　自転車に乗るときは、運転者から見やすいように、明るい目立つ色の衣服を着用するようにしましよう。
（平20公安告7・一部改正）

2　自転車の点検
　自転車に乗る前には、次の要領で点検をし、悪い箇所があつたら整備に出しましよう。また、定期的に自転車安全整備店などへ行つて点検や整備をしてもらいましよう。なお、自転車は、努めてTSマーク、JISマーク、BAAマーク、SGマークなどの自転車の車体の安全性を示すマークの付いたものを使いましよう。
　(1)　サドルは固定されているか。また、またがつたとき、両足先が地面に着く程度に調節されているか。
　(2)　サドルにまたがつてハンドルを握つたとき、上体が少し前に傾くように調節されているか。
　(3)　ハンドルは、前の車輪と直角に固定されているか。
　(4)　ペダルが曲がつているなどのために、足が滑るおそれはないか。
　(5)　チエーンは、緩み過ぎていないか。
　(6)　ブレーキは、前・後輪ともよく効くか（時速10キロメートルのとき、ブレーキを掛けてから3メートル以内で止まれるか。）。
　(7)　警音器は、よく鳴るか。

(8) 前照灯は、明るいか（10メートル前方がよく見えるか。）。
(9) 方向指示器や変速機のある場合は、よく作動するか。
(10) 尾灯や反射器材（後部反射器材と側面反射器材）は付いているか。また、後方や側方からよく見えるか。
(11) タイヤには十分空気が入つているか。また、すり減つていないか。
(12) 自転車の各部品は、確実に取り付けられているか。

（昭55公安告8・全改、平6公安告3・平20公安告7・一部改正）

3　普通自転車の確認
　車体の大きさと構造が、次の要件に合つた自転車で、他の車両をけん引していない自転車を普通自転車といいます。TSマークの付いた自転車は、これらの要件を満たしています。なお、使用する自転車がTSマークの付いていない自転車であるときには、普通自転車であるか否かを自転車安全整備店で確認してもらいましょう。
(1) 二輪又は三輪の自転車であること。
(2) 長さは190センチメートル、幅は60センチメートルをそれぞれ超えないこと。
(3) 側車を付けていないこと（補助車輪は、側車には含まれません。）。
(4) 乗車装置（幼児用座席を除きます。）は、一つであること。
(5) ブレーキは、走行中容易に操作できる位置にあること。
(6) 鋭い突出部のないこと。

（昭55公安告8・追加）

4　自転車の正しい乗り方
(1) 自転車に乗るときは、見通しのきく道路の左端で、後方と前方の安全を確かめてから発進しましょう。

(2) 右折、左折する場合は、できるだけ早めに合図をしましょう。
(3) サドルにまたがつて、両手でハンドルを握つたときに、上半身が少し前に傾き、ひじが軽く曲がるようにするのが疲れない姿勢です。
(4) 両手でハンドルを確実に握つて運転しましょう。合図をする場合のほかは、片手運転をしてはいけません。
(5) 停止するときは、安全を確かめた後、早めに停止の合図（右腕を斜め下にのばすこと。）を行い、まず静かに後輪ブレーキを掛けて十分速度を落としながら道路の左端に沿つて停止し、左側に降りましょう。

（昭55公安告8・旧3繰下、平14公安告15・一部改正）

第2節　安全な通行

1　自転車の通るところ
(1) 自転車は、歩道と車道の区別のある道路では、車道を通るのが原則です。また、普通自転車は、自転車道のあるところでは、道路工事などの場合を除き、自転車道を通らなければなりません。
(2) 自転車は、車道や自転車道を通るときは、その中央（中央線があるときは、その中央線）から左の部分を、その左端に沿つて通行しなければなりません。ただし、標識（付表3(1)32、32の2、33、33の2）や標示（付表3(2)14、14の2、15）によつて通行区分が示されているときは、それに従わなければなりません。しかし、道路工事などでやむを得ない場合は別です。
(3) 自転車は、路側帯を通ることができます。しかし、歩行者の通行に大きな妨げとなるところや、白の二本線の標示（付表3(2)11）のあるところは通れ

ません。
(4) 普通自転車は、次の場合に限り、歩道の車道寄りの部分（歩道に白線と自転車の標示（付表3(2)22）がある場合は、それによって指定された部分）を通ることができます。ただし、警察官や交通巡視員が歩行者の安全を確保するため歩道を通ってはならない旨を指示したときは、その指示に従わなければなりません。
　ア　歩道に普通自転車歩道通行可の標識（付表3(1)29）や標示（付表3(2)21の2、22）があるとき。
　イ　13歳未満の子供や70歳以上の高齢者や身体の不自由な人が普通自転車を運転しているとき。
　ウ　道路工事や連続した駐車車両などのために車道の左側部分を通行することが困難な場所を通行する場合や、著しく自動車などの交通量が多く、かつ、車道の幅が狭いなどのために、追越しをしようとする自動車などとの接触事故の危険がある場合など、普通自転車の通行の安全を確保するためやむを得ないと認められるとき。
(5) 道路を横断しようとするとき、近くに自転車横断帯があれば、その自転車横断帯を通行しなければなりません。また、横断歩道は歩行者の横断のための場所ですので、横断中の歩行者がいないなど歩行者の通行を妨げるおそれのない場合を除き、自転車に乗ったまま通行してはいけません。

（平20公安告7・全改、平20公安告16・平22公安告34・一部改正）

2　走行上の注意
　自転車に乗る場合は、危険な走り方を避けるとともに、側方や後方の車の動きにも十分注意しましょう。

(1) 自転車は急ブレーキを掛けると転倒しやすく、また、速度を出し過ぎると周囲の状況の確認や自転車の制御が困難となるので、天候、時間帯、交通の状況などに応じた安全な速度で走らなければなりません。
(2) 車や路面電車のすぐ後ろに続いたり、また、それにつかまって走ったりしてはいけません。
(3) 横断や転回をしようとする場合に、近くに自転車横断帯や横断歩道がない場合には、右左の見通しのきくところを選んで車の途切れたときに渡りましょう。また、道路を斜めに横断しないようにしましょう。
(4) 交差点や踏切の手前などで、停止している車やゆっくり進んでいる車があるときは、その前に割り込んだり、これらの車の間を縫って前へ出たりしてはいけません。
(5) ほかの自転車と並んで走ったり、ジグザグ運転をしたり、競走したりしてはいけません。
(6) 踏切では、一時停止をし、安全を確かめなければなりません。踏切では、自転車を押して渡るようにしましょう。
(7) 路側帯を通るときは、歩行者の通行を妨げてはいけません。
(8) 歩道を通るときは、普通自転車は、歩行者優先で通行しなければなりません。この場合、次の方法により通行しなければなりません。
　ア　すぐ停止できるような速度で徐行すること。ただし、白線と自転車の標示（付表3(2)22）によって指定された部分がある歩道において、その部分を通行し、又は通行しようとする歩行者がいないときは、歩道の状況に応じた安全な速度（すぐ徐行に移ることができるような速度）と方

法でその部分を通行することができます。
　　イ　歩行者の通行を妨げるおそれのある場合は、一時停止すること。
(9)　歩道から車道へ及び車道から歩道への乗り入れは、車道や歩道の状況について安全を確かめてから行いましょう。特に、ひんぱんな乗り入れの連続や交差点の付近での歩道から車道への乗り入れは危険です。また、歩道から車道に乗り入れる場合には、右側通行をすることとならないようにしなければなりません。
(10)　歩道でほかの自転車と行き違うときは、速度を落としながら安全な間隔を保ち、歩行者に十分注意して、対向する自転車を右に見ながらよけるようにしましょう。
(11)　携帯電話の通話や操作をしたり、傘を差したり、物を担いだりすることによる片手での運転や、ヘッドホンの使用などによる周囲の音が十分聞こえないような状態での運転は、不安定になつたり、周囲の交通の状況に対する注意が不十分になるのでやめましょう。
(12)　警音器は、「警笛区間」の標識（付表3(1)37）がある区間内の見通しのきかない交差点などを通行するときや、危険を避けるためやむを得ないときだけ使用し、歩道などでみだりに警音器を鳴らしてはいけません。
(13)　夜間はもちろん、昼間でもトンネルや濃霧の中などでは、ライトをつけなければなりません。また、前から来る車のライトで目がくらんだときは、道路の左端に止まつて対向車が通り過ぎるのを待ちましょう。
(14)　走行中、ブレーキやライトなどが故障したときは、自転車を押して歩きましょう。

(15)　路面が凍り付いているところや風雨が強いときは、自転車を押して通りましょう。
（平6公安告3・平20公安告7・一部改正）

3　交差点の通り方
(1)　信号が青になつてから横断しましょう。
　　なお、「歩行者・自転車専用」と表示されている歩行者用信号機がある場合や横断歩道を進行する場合は、歩行者用信号機の信号に従わなければなりません。
(2)　信号機などによる交通整理の行われていない交差点に入るときは、次のことに注意しましょう。
　　ア　「一時停止」の標識（付表3(1)40）のあるところでは、一時停止をして、安全を確かめなければなりません。
　　イ　交通量の少ないところでもいきなり飛び出さないで、安全を十分確かめ、速度を落として通りましょう。また、狭い道路から広い道路に出るときは、特に危険ですから一時停止をして安全を確かめましょう。
(3)　左折するときは、後方の安全を確かめ、その交差点の手前の側端から30メートルの地点に達したときに左折の合図（右腕のひじを垂直に上に曲げるか左側の方向指示器を操作すること。）を行い、できるだけ道路の左側に沿つて十分速度を落とし、横断中の歩行者の通行を妨げないように注意して曲がらなければなりません。
(4)　右折は、次の方法でしなければなりません。
　　ア　信号機などにより交通整理の行われている交差点では、青信号で交差点の向こう側までまつすぐに進み、その地点で止まつて右に向きを変え、

前方の信号が青になつてから進むようにしなければなりません。なお、赤信号や黄信号であつても自動車や原動機付自転車は青の矢印の信号によつて右折できる場合がありますが、この場合でも自転車は進むことはできません。
　イ　交通整理の行われていない交差点では、後方の安全を確かめ、その交差点の手前の側端から30メートルの地点に達したときに右折の合図（手のひらを下にして右腕を横に水平に出すか右側の方向指示器を操作すること。）を行い、できるだけ道路の左端に寄つて交差点の向こう側までまつすぐに進み、十分速度を落として曲がらなければなりません。
　(5)　交差点やその近くに自転車横断帯があるときは、その自転車横断帯を通らなければなりません。
　(6)　普通自転車は、交差点やその手前に交差点への進入を禁止する標示（付表3(2)23）があるときは、その交差点へ進入することはできません。この場合は、その左側の歩道に乗り入れ、自転車横断帯によつて交差点を渡りましょう。
（平4公安告4・平14公安告15・平20公安告7・平20公安告16・一部改正）

4　歩行者などに対する注意
　(1)　歩道を通るときは、すぐ停止できるような速度で徐行（白線と自転車の標示（付表3(2)22）によつて指定された部分がある歩道において、その部分を通行し、又は通行しようとする歩行者がいないときは、すぐ徐行に移ることができるような速度で進行）しなければなりません。また、歩行者の通行を妨げそうになるときは一時停止しなけ

ればなりません。
　(2)　路側帯や自転車が通行することができる歩行者用道路を通る場合は、歩行者の通行を妨げないよう注意し、特に歩行者用道路では、十分速度を落とさなければなりません。
　(3)　停車中の自動車のそばを通るときは、急にドアが開いたり、自動車の陰から歩行者が飛び出したりすることがありますから、注意して十分速度を落としましょう。
　(4)　車道を通行する自転車が横断歩道に近づいたときは、横断する人がいないことが明らかな場合のほかは、その手前で停止できるように速度を落として進まなければなりません。また、歩行者が横断しているときや横断しようとしているときは、横断歩道の手前（停止線があるときは、その手前）で一時停止をして歩行者に道を譲らなければなりません。
　(5)　子供が独り歩きしているとき、身体の不自由な人が歩いているとき、つえを持つて歩いていたり、歩行補助車を使つていたり、その通行に支障のある高齢者が歩いているときは、危険のないように一時停止するか十分速度を落とさなければなりません。
　(6)　自転車を駐車するときは、歩行者や車の通行の妨げにならないようにしなければなりません。
　　　近くに自転車駐車場がある場合は、自転車をそこに置くようにしましょう。
（昭56公安告・平9公安告10・平20公安告7・一部改正）

事項索引

【あ】

合図（義務）・・・・・・・・・ 25、33、139
赤切符→交通切符制度
アシスト付自転車→駆動補助機付自転車
安全運転義務・・・・・・・ 41、140、145
一時停止・・・・・・・・・・・・ 29、99、133
イヤホン・・・・・・・・・・・・・ 19、43、145
飲酒・・・・・・・・・・・・・・・・・・・・・・・・ 193
運転者講習・・・・・・・・・・・・・・・・・・ 12
運転者の遵守事項・・・・・・・ 19、36、41
営業損害・・・・・・・・・・・・・・・・・・・ 113
営造物責任・・・・・・・・・・・・・・・・・・ 95
追抜き・・・・・・・・・・・・・・・・・・・・・・ 21
横断・・・・・・・・・・・・・・・・・・・・・・・・ 52
横断歩道・・・・・・ 16、21、22、25、151
横断歩道上の歩行者と自転車との事故
・・・・・・・・・・・・・・・・・・・・・・・・・ 121
親の責任・・・・・・・・・・・ 65、70、103

【か】

買替差額・・・・・・・・・・・・・・・・・・・ 111
買替諸費用・・・・・・・・・・・・・・・・・ 111
会社のリスク管理・・・・・・・・・・・・・ 85
（車道）外側線・・・・・・・・・・・・ 11、15
傘差し・・・・・・・・・・・・・・・・・・ 19、43
過失傷害罪・・・・・・・・・・・・・・・・・ 179
過失相殺（率・割合）・・・・・ 115、116
過失相殺基準・・・・・・・・・・・・・・・ 115
過失致死罪・・・・・・・・・・・・・・・・・ 179
片手運転・・・・・・・・・・・・・・・・・・・ 139
学校の責任・・・・・・・・・・・・・・・・・・ 71
過労運転・・・・・・・・・・・・・・・・・・・・ 46
観護措置・・・・・・・・・・・・・・・・・・・ 200
幹線道路・・・・・・・・・・・・・・・・・・・ 152
監督義務（者）・・・・・・・ 61、66、217
看板・・・・・・・・・・・・・・・・・・・・・・・・ 99
救護義務・・・・・・・・・・・ 47、216、225
休車損害・・・・・・・・・・・・・・・・・・・ 113
強制執行・・・・・・・・・・・・・・・・・・・ 247
教則→交通の方法に関する教則
緊急措置義務・・・・・・・・・・・・・・・ 221
駆動補助機付自転車・・・・・・・・・・・・ 3
車いす・・・・・・・・・・・・・・・ 2、42、50
警音器・・・・・・・・・ 7、20、35、43、146
刑事責任能力・・・・・・・・・・・・・・・ 198
刑事未成年・・・・・・・・・・・・・・・・・ 198
携帯電話・・・・・・・・・・・・・ 19、41、43
健康保険・・・・・・・・・・・・・・・・・・・ 170
公安委員会（の規則）
・・・・・・・・ 19、36、38、43、54、137、
140、145、147、153
後遺障害（等級）認定・・・・・・ 109、162
交通切符制度・・・・・・・・・・・・・・・ 175
交通の方法に関する教則・・・・・ 13、55
交通反則制度・・・・・・・・・・・ 174、199
公判請求・・・・・・・・・・・・・・・・・・・ 195
公務員の責任・・・・・・・・・・・・・・・・ 93
勾留・・・・・・・・・・・・・・・・・・ 193、199
高齢者・・・・・・・・・・・・・・・・ 130、149
広路・・・・・・・・・・・・・・・・・・・・・・・・ 24
個人賠償責任保険
・・・・・・・・ 47、158、161、218、223
国家賠償（法）・・・・・・・・ 72、90、95

【さ】

裁判外紛争解決手続→ADR
サドル・・・・・・・・・・・・・・・・・・・・・ 147
左方優先・・・・・・・・・・・・・・・ 24、146
事故報告義務・・・ 47、216、221、225
示談・・・・・・・・・・・・・・・・・・ 219、228
示談代行・・・・・・ 162、219、229、233
実況見分・・・・・・・・・・・・・・・・・・・ 192
自転車→普通自転車
自転車置き場→駐輪場
自転車横断帯
・・・・・・・・ 10、16、21、22、25、152
自転車道・・・・・・・・・・・・・・・・・ 8、15
自転車の通行（区分・方法）

………………………… 18、24、28
児童………………… 52、130、149
自動車損害賠償保障法………………… 58
自賠責保険…… 58、108、124、162
社会保険………………………… 227
車道…………………………… 14、28
車道上又は歩車道の区別のない道路上
　　　　　　　　　　　　122、152
車道寄りの部分………………… 28、99
車両通行帯…………………………… 16
重過失致死傷罪……………… 178、182
修理費…………………………… 110
酒気帯び…………………… 45、193
傷害保険…… 163、218、225、226
少額訴訟………………………… 244
使用者（責任）…… 76、80、85、217
乗車人員（人数）……………………… 38
商店街………………………… 151
小児用の車…………………… 2、50
少年審判手続…………………… 200
少年法…………………………… 198
徐行…………………………… 29、99
信号（の遵守）………………………… 23
心神耗弱………………………… 190
人身傷害保険…………………… 163
心神喪失………………………… 190
身体障害者…………………… 149
信頼の原則……………………… 188
制限速度………………………… 19
制動装置………………………… 5、10
整備不良車両…………………… 12
積載………………… 39、114、142
責任能力…… 61、65、71、190
素因減額………………………… 109
捜査………………………… 192、199
相談機関………………………… 235
訴訟………………………… 250
【た】
代車……………………………… 113
代理監督（義務）者……… 62、68、71

仲裁→ADR
駐輪場（自転車置き場）… 76、80、88
調停…………………………… 237
調停→ADRも参照
通学………………………… 74、160
通勤… 29、76、80、85、169、219
付添人………………… 202、203、207
積荷等の損害…………………… 113
出会い頭事故…………… 133、146
停止・検査等の措置……………… 12
電動アシスト自転車→駆動補助機付自転車
同一方向に進行する自転車同士の事故
　　　　　　　　　　　　139、142
灯火（ライト）……… 36、137、151
東京都道路交通規則
　……36、38、43、54、137、140、
　　　145、147、153
道交法70条………… 140、145
道交法71条
　… 19、36、41、140、145、148
道交法（令・規則）改正
　　　　　　12、16、23、28、32
同乗者………………… 154、163
取調べ…………………………… 209
【な】
内閣府令…………… 4、5、6、27
二段階右折義務………………… 11
荷物→積載
ノーブレーキピスト………… 5、133
【は】
反射器材………………………… 6
被害者側の過失………………… 153
被害者参加制度………………… 212
ひき逃げ……………… 221、225
左側端通行義務………………… 11
ピスト→ノーブレーキピスト
尾灯……………………………… 6
評価損…………………………… 112
不起訴処分……………………… 194
二人乗り…………………… 38、153

事項索引

普通自転車……………………… 3、27
普通自転車通行指定部分… 28、51、99
物損………………………………… 110
物損に関する慰謝料……………… 114
ブレーキ→制動装置
並進………………………………… 10
ペット……………………………… 114
ヘルメット…………………… 10、155
弁護人………………………… 203、206
歩行者…………………………… 50、149
歩行者加害…………………… 101、127
歩行者の通行方法(歩行者の通行区分)
　………………………………… 50
歩行者用道路……………………… 16
歩行者用路側帯…………………… 15
歩行補助……………………… 2、50
歩道………………………………… 14
歩道・路側帯上の事故……… 120、149

歩道通行……………………… 9、27

【ま】
未成年者……………… 61、65、217
民法714条 …………… 61、68、71
民法715条 …………… 76、80、85

【や】
優先道路………………………… 24
幼児……………… 52、132、149、153
幼児用座席………………………… 39

【ら】
ライト→灯火
略式命令………………………… 195
労災保険………………………… 168
路側帯………………… 11、15、31

【アルファベット】
ADR ……… 236、240、242、243
TSマーク(保険) ……… 7、159、166、
　　　　　　　　　　　　 219、227

● 編著者紹介（50音順）

髙木　宏行（たかぎ・ひろゆき）
弁護士（第二東京弁護士会）
明治大学法学部卒業
1995年弁護士登録
主著：『後遺障害等級認定と裁判実務　～訴訟上の争点と実務の視点～』（共著）『保育事故における注意義務と責任』（共著、以上新日本法規）『専門訴訟講座①交通事故訴訟』（共著、民事法研究会）『交通事故におけるむち打ち損傷問題』（共著、保険毎日新聞社）『自転車事故過失相殺の分析　～歩行者と自転車の事故・自転車同士の事故の裁判例～』（共著、ぎょうせい）、『実務家のための交通事故の責任と損害賠償』（共著）『金融商品と不法行為　有価証券報告書虚偽記載と損害賠償』（共著、以上三協法規出版）ほか。
主な取扱分野：交通事故その他の損害賠償、建物区分所有法、廃掃法、消費生活
　　　　　　　協同組合法、スポーツ法、民事一般
所属事務所名：髙木総合法律事務所
　〒107-0052　東京都港区赤坂2-2-21　永田町法曹ビル9階
　　TEL　03-6441-3937

岸　郁子（きし・いくこ）
弁護士（第二東京弁護士会）
東北大学法学部卒業
1996年弁護士登録
主著：『自転車加害事故における損害算定と過失相殺の動向』（講演録、日本交通法学会）、『民事裁判例からみる自転車加害事故』（「法律のひろば」2012年6月号）、『自転車事故過失相殺の分析―歩行者と自転車の事故・自転車同士の事故の裁判例―』（共著、ぎょうせい）『専門訴訟講座①交通事故訴訟』（共著、民事法研究会）、『交通事故におけるむち打ち損傷問題』（共著、保険毎日新聞社）、『実務家のための交通事故の責任と損害賠償』（共著、三協法規出版）、『リハビリ事故における注意義務と責任』（共著、新日本法規）
主な取扱分野：交通事故その他の損害賠償、破産・倒産、スポーツ法（団体ガバ
　　　　　　　ナンス・第三者委員会等）、相続・離婚・成年後見、その他民事一
　　　　　　　般
所属事務所名：四谷番町法律事務所
　〒102-0085　東京都千代田区六番町13-1　ハイツ六番町503
　　TEL　03-5213-4303

● 執筆者紹介（50音順）

伊豆　隆義（いず・たかよし）
弁護士（東京弁護士会）
早稲田大学法学部卒業
1988年弁護士登録
主著：『自転車事故過失相殺の分析　〜歩行者と自転車の事故・自転車同士の事故の裁判例〜』（共著）『注解交通損害賠償算定基準』（共著、以上ぎょうせい）。『定期借家権』（共著、新日本法規）。
主な取扱い分野：建築・不動産、交通事故、損害賠償
所属事務所名：東京グリーン法律事務所
　〒105-0003　東京都港区虎ノ門1-12-9　スズエ・アンド・スズエビル5階
　TEL：03-5501-3641

柄澤　昌樹（からさわ・まさき）
弁護士（第二東京弁護士会）
早稲田大学法学部卒業
1985年人事院事務官。1994年弁護士登録。
主著：『自転車事故過失相殺の分析　〜歩行者と自転車の事故・自転車同士の事故の裁判例〜』（共著、ぎょうせい）『クレジット・サラ金の任意整理実務Q＆A〔新訂版〕』（編著）、『独占禁止法の法律相談〔新訂版〕』（共著、以上青林書院）
主な取扱い分野：一般民事
所属事務所名：柄澤法律事務所
　〒101-0046　東京都千代田区神田多町2-11-4　セキビル5階
　TEL：03-5295-3133

九石　拓也（さざらし・たくや）
弁護士（第二東京弁護士会）
立命館大学大学院法学研究科修了
2000年弁護士登録
主著：『自転車事故過失相殺の分析　〜歩行者と自転車の事故・自転車同士の事故の裁判例〜』（共著、ぎょうせい）『著作権法コンメンタール1~3』（共著、勁草書房）『労働契約法と労務管理の実務』（共著、三協法規出版）
主な取扱い分野：交通事故その他の損害賠償、著作権、労働等
所属事務所名：ひかり総合法律事務所
　〒105-0001　東京都港区虎ノ門2-3-22　第一秋山ビルディング7階
　TEL：03-3597-8705

鹿士　眞由美（しかし・まゆみ）
弁護士（第一東京弁護士会）
慶應義塾大学法学部卒業
1994年弁護士登録
主著：『自転車事故過失相殺の分析　〜歩行者と自転車の事故・自転車同士の事故の裁判例〜』（共著、ぎょうせい）『交通事故訴訟』（共著、民事法研究会）『くらしの法律Q&A』（共著、新日本法規）
主な取扱い分野：交通事故、消費者問題、家庭問題
所属事務所名：銀座町法律事務所
　〒104-0061　東京都中央区銀座5-10-1　プリンスビル7階
　　TEL：03-6274-6158

中村　直裕（なかむら・なおひろ）
弁護士（第二東京弁護士会）
慶應義塾大学経済学部卒業
損害保険会社等に勤務後、2003年弁護士登録
主著：『自転車事故過失相殺の分析　〜歩行者と自転車の事故・自転車同士の事故の裁判例〜』（共著、ぎょうせい）『交通事故におけるむち打ち損傷問題』（共著、保険毎日新聞社）『企業活動と民暴対策の法律相談』（共著、青林書院）
主な取扱い分野：交通事故、民事一般
所属事務所名：IAL綜合法律事務所
　〒105-0003　東京都港区西新橋1-12-8　西新橋中ビル5階
　　TEL：03-5157-2322

● **編著者**
　髙木　宏行　弁護士
　岸　　郁子　弁護士

● **執筆者（50音順）**
　伊豆　隆義　弁護士
　柄澤　昌樹　弁護士
　九石　拓也　弁護士
　鹿士　眞由美　弁護士
　中村　直裕　弁護士

● 自転車事故の法律相談

2014年8月18日　初版発行
2018年3月9日　5刷発行

編著者	髙木宏行（たかぎ ひろゆき） 岸　郁子（きし いくこ）
発行者	佐久間重嘉
発行所	学陽書房

〒102-0072　東京都千代田区飯田橋1-9-3
　営業／電話　03-3261-1111　FAX　03-5211-3300
　振替　00170-4-84240
　編集／電話　03-3261-1112　FAX　03-5211-3301
　http://www.gakuyo.co.jp/

印刷／東光整版印刷　製本／東京美術紙工　装丁／佐藤 博
Ⓒ H. TAKAGI, I. KISHI, 2014 printed in Japan
乱丁・落丁本は、送料小社負担にてお取り替えいたします。
定価はカバーに表示しています。

ISBN 978-4-313-51157-6　C2332